ちぇっ
やっぱまだちょっと早かったか~

あらいぴろよ
泉 秀生
【監修】

「ごめんね育児」をやめてみたら、肩の力を抜けるようになりました

情報収集もやっぱ大事よ
ん…
ん…
半分寝てる時とか

一時保育…使ってみるわ…!

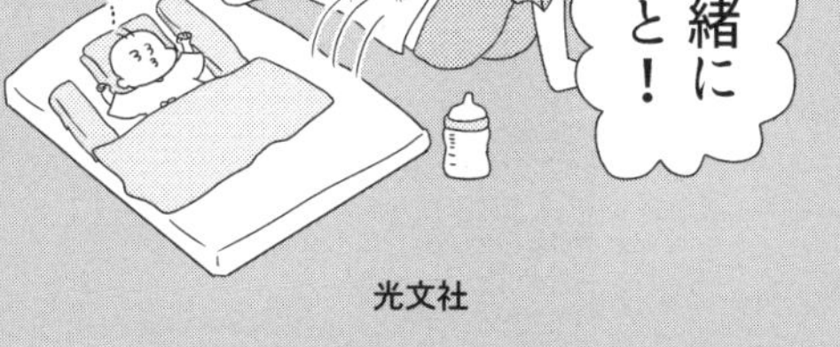
私も一緒に寝よっと!
ゴロンッ
あー ミルクもったいね~(笑)
プスー…

光文社

まえがき

本書を開いてくださりありがとうございます。

今、読んでくださっている方は、きっと、子育てに一生懸命な方だと思います。
その時点で、親として合格ですよ。
もし、疲れていたら少し休みませんか？

子育ては、一生懸命になればなるほど苦しくなる可能性が高いものだと、
日々の子育てを通して私自身よく思います。

子どもはかわいいし大好きなのに、言うことを聞いてくれないことや、
思ったようにいかないことが多くて、困ってしまいますよね。
正解なんてないのに探してしまい、
自分を見失い、子どもを悲しませてしまう……。

こちらの『「ごめんね育児」をやめてみたら、肩の力を抜けるようになりました』
では、イラストレーターのあらいぴろよさんが感じた、
子育てが始まる前や、子育て中に知っておきたかったことを
かわいい絵とともに読みやすい形で示しています。

私も微力ながら、専門家としての意見を書かせていただきました。
ぜひ、お気軽に読んでいただき、一緒に子育てを楽しんでいきましょう。

子どもに必要なのは、
あなたやパートナーが、元気で、ニコニコしていることですよ。

東京都市大学人間科学部児童学科
泉　秀生（准教授／博士（人間科学））

註

残念ながら、今の日本では
「ママがワンオペ育児」というケースが多いため、
本著はママを主人公にしています。
パートナーや身近な大人に読んでほしいメッセージも添えていますので、
育児にかかわるすべての方に読んでいただければ幸いです。

先人は言った
いくじBook
育児はね
肩の力を抜いて
頑張りすぎない
ことが大切よ
頑張りすぎない…かぁ
でもみんな
やってることだし
大丈夫だよね
あー
はいはい
そう思っていたけれどーー
ふえ〜〜

思いのほか育児のタスクは多く
ミルク作り
夜泣き
沐浴
一緒に遊ぶ
オムツ替え
予防接種
頻回授乳
除菌
爪切り
検診
寝かしつけ
頑張らないと全部できないよ〜！
+産後の疲労
+いつもの家事
必死に奮闘するものの
はぁい良い気持ちだったねぇ
慣れないせいでモタついて
体に塗るクリームは‥‥
そのあとオイル‥‥で‥‥
泣かせちゃうこともしばしば‥‥
ごめんねごめんねモタモタしてたママが悪いね
数ヶ月後やっと慣れてきたかと思えば
わ〜
すごいすごい
まっ
まんっ
まん
まん!!
新しい課題が発生
ヒュー
仕事復帰
ヒュー
離乳食
ヒュー
黄昏《たそがれ》泣き
ヒュー
卒乳
ドゴッ
ぐえっ
ふんっ

やらなきゃいけないことが増えてくると
これでいいのか…?
まっうあ、あん、
おいちい りにゅうしょく
あはは~
ゼィ
ゼィ
できないこともどんどん増えていく
ああ~…今日は洗濯しようと思ってたのにできなかった…
明日…! 明日は絶対やるんだ!
次の日
ごめんね~ちょっと待っててね~
にこ♥
ま~~~~
もうちょっとだから!
まん まんあう
うあぁ
すぐだよすぐ!
ね!ね!
ふっ
ふぇ
ふぇぇぇ
ふぇ、
ふぇぇぇぇぇ
ぇぇぇぇ

ハッ
ふぇぇぇん
ふぇぇぇ
あーー！もう何イライラしてるの私は！
ふぇぇぇん
全部私の要領が悪いせいじゃん！
えぇぇん
ご、ごめんね！終わったよ！
ふあ〜〜…
あんなことでイライラしちゃうなんて…
ズーン
…疲れてる…んだろうな…
ハァ…
一時保育とか使って休むべき…？
でも私なんかがリフレッシュ…？
この子に寂しい思いさせてまで…？
む〜り〜…
ポスッ
肩の力抜くってどうしたらいいの…
わからないよ…

ポンッ
はじめまして あらいと申します
わかります
私も息子を産んだ当初
どうやって肩の力を抜いたらいいかわからず
マニュアル通りやって
追い詰められました
これではいかんと頑張ることをやめようとしてみても
もう今日は無理だ頑張れない！
私の頑張りが足りないせいでやるべきことができなかった
ズーン…
ブル
罪悪感で苦しくなる始末…
レトルトや惣菜買うと自分で作れば安く上がるのに…とか考えちゃって…
ブル
ブル

2年ほどで
肩の力の抜き方を
見つけましたが
辿《たど》りつく頃には
親子ともども
ボロボロでした
初めての育児…
体質の変化や疲労により
判断力が低下していた
とはいえ…
些細なことに
気をとられ
常にイライラし
息子の笑顔を大事に
できなかったこと
傷つけてしまったことは
一生悔やむでしょう…
また、その影響で息子は一時期
とても神経質な子に…
今思うのは
肩の力を抜いた育児って
越えてはいけない
ラインを知って
いないとできない
ということだぁ!
最初からすんなり
できるワケねーっての!!
た、たしかに…!!!

どーーーん!!
だから!
専門家の方々にいろいろ聞いてきました!
人間科学部児童学科 准教授
泉 秀生 先生
栄養士
保育士
小児科医
越えてはいけないラインを教えていただければ
ここは死守
そこまでやらなくてOK
時が解決する
悩んだ時は…
大丈夫
余計な不安や罪悪感を手放し
肩の力抜けない〜
辛い〜
不安
罪悪感
罪悪感
不安
知識がもたらす平和
目の前の子どもに集中できる
はずっ♥

私は
虐待のある家に
育ちましたので
越えたら虐待に
なるラインについて
注意点を
まとめました
法改正があった部分にも
触れさせていただきます
ただでさえ
大変な育児
不安
罪悪感
あとプレッシャーとかも
余計な感情を
ためたり抱いて
「ごめんね」を
連発するのは
もう
おしまい！
私たちが
ためていいのは
お金だけ！
抱いていいのは
子どもだけだぁ！
担ぐが正しい
すべての
家庭に
笑顔と
睡眠が
あふれることを
祈って

妊娠中ひとことメモ

“生まれる前から”パートナーと一緒にこれらの準備をしておくと、あとあと肩の力を抜きやすい環境を作ることができます。

- 胎児の成長を知るアプリを父母ともに入れる
- 妊婦の苦労を父親も知る
（育児教室への参加や書籍などで学習する）
- パートナーと家事や育児について話し合っておく
- 普段から家事の分担や練習をしておく

- 本書にある、「○ヶ月の時はこういう罪悪感・不安を抱えやすい」ということをあらかじめ頭の片隅に入れておく
- 一時保育を利用できるようにしておく
- 家から通える保育園情報や電話番号をリサーチし、問い合わせや登録を済ませておく
- 育児について話せる第三者がいることはとても重要なので、相談先もパートナーと共有しておく
（相談先については100ページ参照）

CONTENTS

6〜9ヶ月 69

本文デザイン　佐野佳子（Malpu Design）

出産後
自宅に帰って
数日――
…抱っこするのは
さすがに慣れたけど
まだ緊張するなぁ…
ん…？
ぷ～ん
うんち…？
でもさっきやっと
寝たし…
起こしてまで
取り替えなくても
いい…か？
私もちょっと
休みたいし…
でもやっぱり
かぶれたら
かわいそうだし…
う～ん
う～ん
どうしよう…
ふっ
くうっ
あ～～…
やっぱり
気持ち悪くて
眠れなかったよね
ごめんごめん

あ〜〜〜！…
あ、ふぅっ ぐっ
モゾ
モゾ
ごめんね
ごめんね
すぐ用意する
からね
わたわたっ
あ〜〜〜…
！
い…
痛かった？
ぐいっ
モゾ
モゾ
痛かった…
よね？
ごめんね
ごめんね！
でも気持ち悪いでしょ？
急いで替えるから
ちょっと我慢してね
あ〜…
あ〜〜…
あ そろそろ
お風呂も
ミルク
飲もうね
はいはい
オムツね
え…？うそ
もう夜…？
なんも
しとらんぞ…？
プスー
プスー
ハッ
ふ…ぅっ、
くふっ
ふっっ
モゾ
モゾ

ど、どうしたの？
さっきミルクもおっぱいも
飲んだよね？
ふぇ〜…
ふぇ〜…
ハッ
まさか
具合が悪いとか…？
ぐる
ぐる
ぐる
でも大したことなかったら
病院に迷惑だし…
様子見…だよね？
でも様子見してるうちに
重症化したら…？
どうするのが
正解…？
ふぇ〜
ふぇ〜
ふぇ〜ふぇ〜
ふぇ〜ふぇ〜
…一生懸命
お世話してるのに
イラ…
ふぇ〜…
ふぇ〜…
何が不満なの…？

…って
何イライラしてるんだ
私は！
バカ！
バカ！
ハッ
ふえぇぇ
えぇぇ
えぇ
赤ちゃんは
泣くのが仕事！
うるさいなんて
思っちゃいけない！
ぐっ
ふえぇぇぇええぇ
抱っこ
しようね
…ニコ
ふえぇぇ
ふえええ
そっ
ふえぇ
ぬあああああー！
やっぱりうるさい！
脳が破壊されそう…!!!
ごめん…
ふえええぇ
ふえぇ
ふえぇぇ
ふえええぇぇ
ふえぇぇ
抱っこ…
できない…

脱「ごめんね育児」ポイント

1

病院に行く目安を知ろう

「なんとなく普段と違う」と感じたら、
小児救急電話相談(#8000)へTEL、
またはかかりつけ医を受診。
大丈夫、誰も迷惑じゃありません。

「こんな程度で病院に行っていいの？」と思わず、
いつもお世話しているからこそわかる違和感に自信を持って。

「なんとなく変だな」
この感覚が時に医者以上の正確さを持つことがあるのは
小児科医なら誰でも経験があることです。

ただ、夜中に高熱が出た時に、
慌てて救急外来にかけこむのはちょっと待った。
すぐに診てもらえず疲れ果ててしまうことも多いですし、
病院内はインフルエンザなどの感染リスクもあります。

そういう時はまず#8000に電話して、
翌日病院に行くことも視野に入れて。
体温計の数字は必ずしも重症度とイコールではありません。
ミルク飲んで寝てるようであれば、だいたい翌日でOK。

子どもの機嫌が
良さそうならだいたいOK

脱「ごめんね育児」ポイント

2

お医者さんは味方だよ

**成長や体調に関することはもちろん、
スキンケアやハミガキなど
日々のお世話に関することも相談OK。
1ヶ月健診や予防接種のタイミングを
ぜひ活用して。**

生まれて1ヶ月の段階では不安なことだらけですよね。
そんなタイミングで1ヶ月健診がありますから、
ぜひうまく利用してみてください。
保健師さんに言われてモヤモヤしたことを
小児科で相談される方もいらっしゃいますよ。

生後2ヶ月からは予防接種も始まります。
1ヶ月健診の内容を見ながらお話しできる、いい機会です。

ただ、専門性の高い内容だと
私たちでもわからないことや判断に迷うこともあります。
そのような時は必要に応じて
その相談内容に合った専門医を紹介します。
それも小児科医の役割だと思ってください。

もし医師とうまくコミュニケーションがとれないようでしたら、
病院を変えるのも手です。
コミュニケーションのとれる
かかりつけ医を見つけましょう。

・いつから？
・症状
・気になること
をメモしていくと
焦らないよ！

脱「ごめんね育児」ポイント 3

赤ちゃんは泣くものなのさ…（諦め）

泣く理由（例）

- オムツが汚れて気持ち悪い
- お腹が空いている
- ゲップがでなくて苦しい
- 抱っこしてほしい
- 眠たい、眠たいのに寝られない
- 体のどこかが痛い
- 寝ぼけている
- 不安
- 暑い、寒い
- びっくりした
- 音がうるさい
- まぶしい、暗い
- ママやパパがいない、見えない
- いつもと違う

- **なんか嫌だ（理由はない）←！！？？？**

息子はオナラがうまく出せなくて泣いていたことがあったよ。トホホ。あとは目にまつ毛かゴミが入って泣いてたこともあったな、トホホ。

泣きやまないときに親ができることは…

- できることをすべて試したのかを確認しましょう
- パートナーや親など、身近な人に相談しましょう
（ほかの人の目や考えで確認してもらう）
- 添い寝しつつ、吐き戻しやうつぶせ寝にならないか等、安全の確保を確認しましょう
（もし泣き声がうるさいと思うのならば、別の部屋に行きつつ、数分に１回は見に行き、生存を確認）

子どもが0~1ヶ月の頃って…

病院で入院したり、引っ越ししたり、
家に帰宅したり変化の著しい時期かと思います。
ただでさえ忙しいのに母体の変化も著しい時期です。

まずは、お母さん自身が自分を大切にすることが望まれ、**パートナーはそれを応援し、行動に移す**ことが求められます。

頼れる親族やサービスを探して助けてもらうことを基本とすることが大切でしょう。

子どもは生まれたばかりで、オムツの消費も激しいことや
オムツから排せつ物が漏れる等、
オムツひとつとっても驚きや負担が多いのではないでしょうか。
リラックスしてひとつずつルールややり方を
パートナーと確認して進めるのが良いでしょう。
(育児メモをリビングに置き、わが子の昼寝やミルク、
排せつの時間をパートナーと共有するのがオススメ)

すべてが初めてのことすぎて何もわからないから、
育児書通りにやろうとして無意識に完璧を目指しちゃってた!
当時は「あやす=絶対抱っこ」と思い込んでいたけど、
横並びで寝っ転がってお腹さすさす、とかもアリだったと思う。

ベテラン母になるほど、みんなとりあえずおっぱいかミルクあげてる。

そんなもんでいいと知った時の脱力感よ…。

ふっ…
ふぇっ
ふぇぇ…
布団に入ってから
まだ5分だよ…？
ムク…
ふぇぇぇぇぇ
…でも
しょーがない…
パパは起きないし…
ハ〜ア〜
私は
お母さんなんだから
お世話しないと
でも
辛いよ〜
心が折れちゃうよ〜
月
火
水
木

モヤモヤ POINT

とにかく寝ないから休めない…

赤ちゃんってもっと眠るものじゃないの？
コマ切れ睡眠だし安眠できてないんじゃ…。
自分も休めないから本当に辛《つら》いし、イライラがすごい…！
だけど親である自分が休んでいいの…？

お世話を交代しても愛は減らない！

小児科医さんに聞いてみた!!

お腹の中から出てきたばかりの子は胃が小さいため、すぐ空腹になって起きます。
また、食事量が増え空腹感をコントロールできるようになるまで、まとまった睡眠をとるのが難しい子もいます。顔色・機嫌が良ければ、気にしすぎなくてOKです。

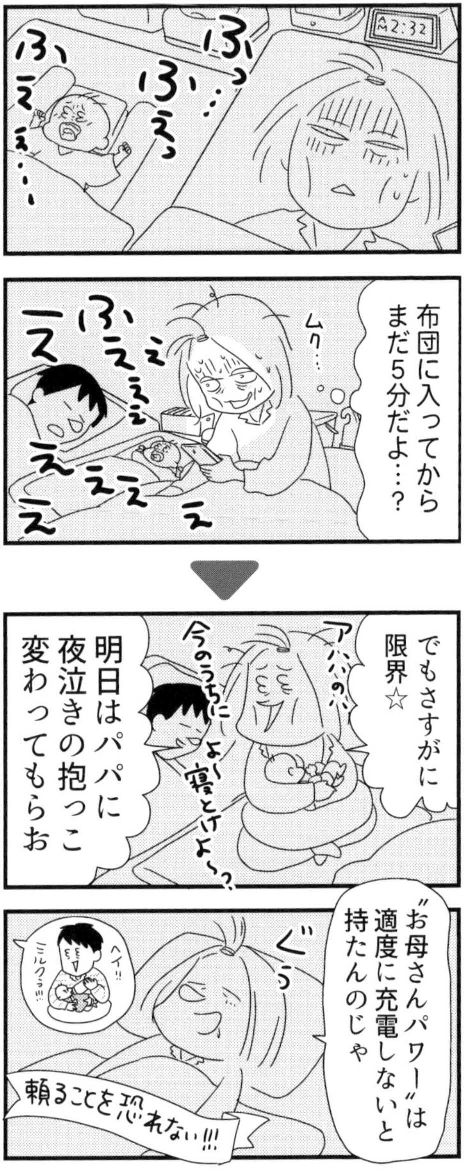
AM2:32
ふっ…
ふぇっ
ふぇぇ…
布団に入ってからまだ5分だよ…？
ムク…
ふぇぇぇぇ
ーえええええ
でもさすがに限界☆
アハハのハ
今のうちによ〜寝とけよ〜っ
明日はパパに夜泣きの抱っこ変わってもらお
"お母さんパワー"は適度に充電しないと持たんのじゃ
ぐぅ
ヘイ!!
ミルクっ!!!
頼ることを恐れない!!!

あらいが思う 虐待ライン

子どもに逆恨みをすると、八つ当たり（暴言・暴力・放置の虐待）をしても罪悪感を覚えにくくなる。
「こんなにやってるのに」というような気持ちが芽生えたら、頑張りすぎて追い詰められている証拠。今すぐ寝よう。

寝よう

ひとことアドバイス 共倒れしないよう育児は私１人で担当していた時期もあったけど、夫が全然育児しないと万が一私が倒れた時に夫がお世話できないじゃん！　と気付いて分担するようになったよ。

モヤモヤPOINT

ミルク・おっぱいちゃんと飲めてる？

母乳がいいと聞いてはいても、飲んだ量も見えないし
そもそもあんまり出てないような…。
かといってミルクを足しても飲んでくれない…。
私のせいでこの子が栄養不足になったらどうしよう…。

あり？
もういいの？
じゃあミルクは？
一応作っといたよ
全然
飲まない…
れっ
赤ちゃんって
もっとミルク飲むん
じゃないの…？
どうしよう…
このまま栄養失調に
なっちゃったら…
寝ちゃったし…
プスー
プスー
そうじゃなくても
脱水とか…！
起きて！
起きて飲んで！
ぐいっ
ぐいっ
ぐいっ
ふっ
ふぇ
ふええぇ

子どもの体調を見極めるポイントは顔色と機嫌

小児科医さんに聞いてみた!!

ミルク・母乳の適正量は、赤ちゃん個人の胃袋の大きさによる差があります。また、飲みたくない気分の時も当然あります。
平均値にこだわらず、顔色・機嫌・おしっこの色などを見ながら、その子の適正量・間隔をゆっくり見極めていけば大丈夫です。

あらいが思う 虐待ライン

理想や平均値にとらわれすぎると、過干渉になったり、育児が負担になりネグレクトへつながることがある。
数字ではなく子ども自身を見るためにも、とりあえず休憩して。

ていうか まだ
未発達

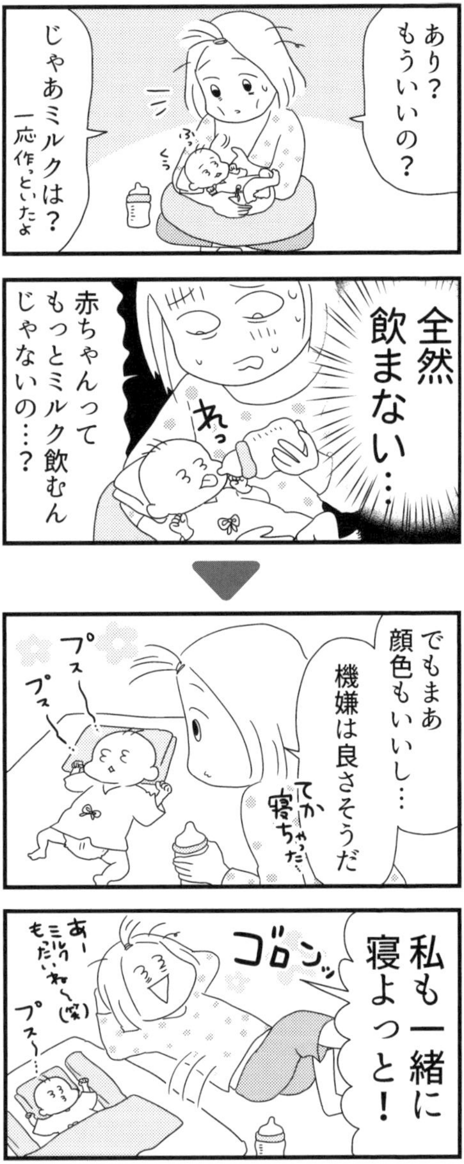
あり？もういいの？
じゃあミルクは？
一応作っといたよ
ふっ
くぅ
全然飲まない…
赤ちゃんってもっとミルク飲むんじゃないの…？
れっ
でもまあ顔色もいいし…
機嫌は良さそうだ
プスー…
プスー…
てか寝ちゃった…
私も一緒に寝よっと！
ゴロンッ
あーミルクもったいねー（笑）
プスー…

ひとことアドバイス 子どもの胃袋の感覚を見極められるようになるまで絶対悩むから、今は悩む時期なんだ～って割り切るのが吉。

モヤモヤPOINT

「尊い」とは思うけど「かわいい」と思えない…

たしかに私が産みました。
でも「かわいい」とどうしても思えません。
死なせないようにお世話を頑張っていますが、
いつか愛せるようになるんでしょうか？

あ～
かわいい！
食べちゃいたい！
ママもそう思うでしょ？
え、あ…
う、う～ん？
命ってすごいなぁ
とは思うけど…
……
？
どうしたの…？
かわいくないの…？
泣き声にもイライラしちゃうし…
ふぇぇ～…
ふぇ～…
ふぇぇ～
私って母性ない人間だったんだ…

保育士さんに聞いてみた!!

初めての育児で緊張の毎日、焦らないで

たしかに「かわいい」と思えたほうがお世話のしがいもあるのかもしれませんが、そもそも、「かわいい」と思えたとしても、うまく育児ができるというわけではありません。「かわいい」と思えなくてもお世話ができるなら、それは十分愛情があると思います。気にしないで寝ましょう。

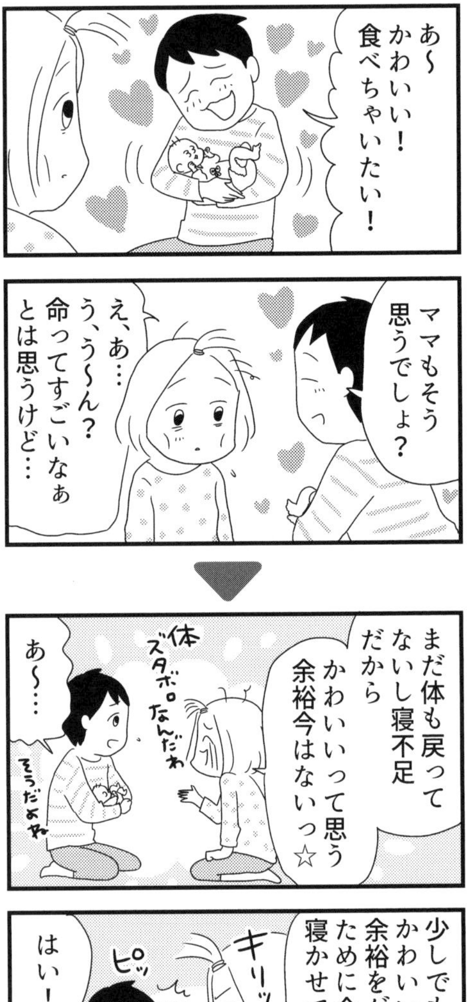

あ〜
かわいい！
食べちゃいたい！
ママもそう思うでしょ？
え、あ…
う、う〜ん？
命ってすごいなぁ
とは思うけど…
まだ体も戻ってないし寝不足だから
かわいいって思う
余裕今はないっ☆
体ズタボロなんだわ
あ〜…
そうだよね
少しでも早く
かわいいって思える
余裕をゲットする
ために今日は1人で
寝かせてくれ
キリッ
ピッ
はい！

あらいが思う 虐待ライン

子どもの泣き声は脳に刺さるほど響くので、うっとうしく感じるのは誰でもあること。
でも敵意を感じてしまうところまで来てしまったら、虐待の入口に立っていることを自覚しよう。
自覚すれば、どうしたらいいかが見えてくるから大丈夫だよ。

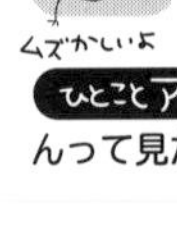

余裕ないと
ムズかしいよ

ひとことアドバイス だって…テレビとかで見る赤ちゃんって６ヶ月くらいだけど、この時期の赤ちゃんって見たことないから（あれ…？）ってなってもしょうがないと思うの…。

モヤモヤPOINT

オムツかぶれが心配

赤ちゃんってゆるゆるウンチだし回数も多いしお肌も弱いから、かぶれないか心配…。けど、せっかく寝てるのを起こしてまでオムツ替えるべきなのかなぁ…？

やっと寝た…
プスー プスー
ぷりり……
!!
ぷ～～ん
おおう…！
神よ…なぜ今なのです？
早く
オムツ替えなきゃ
おしり
かぶれちゃうよね
バッ
わっ
背中までモレてるっ
ふっ
ふえっ
泣くくらいなら
寝る前にしてよ
イラ…
ふえええ
ふえ
ええ
おしりかぶれる
よりいいでしょ！
ええ

替えすぎも刺激になるので回数にこだわらない

小児科医さんに聞いてみた!!

おしっこの場合、オムツをしている部分が赤くただれている、おしっこの回数や体重が極端に減っている、唇がカサカサしているなどの異変がない限り、寝ている子を起こしてまでお世話をする必要はありません。
ただし、排便後に長時間放置することが続くと、オムツかぶれがひどくなることがあるので、そこは注意。

あらいが思う 虐待ライン

「子どもに辛い・痛い思いをさせたくないから」ととった行動が子どもに拒絶されることは、これから先もいっぱいある。
その時「あんたのためにやってんだよ!」とイライラしたら、頑張りすぎて空回りしているので、息抜きが必要なタイミングと心得よう。

やっと寝た…
プスー
プスー
ぷりり……
!!
ぷ〜〜ん
おおう…!
神よ…なぜ今なのです?
寝
ま、どうせ新生児で眠りも安定してないから15分くらいで起きるでしょ
それまで寝たろ
15分後
ほーらね〜
ムクり
ふぇ…
ふえ〜
ふえぇぇ…
えぇん
はいはいオムツ替えようね

ひとことアドバイス 1秒2秒を争う育児はそうそうない。ちなみに、かぶれ防止には、お湯でビショビショにした脱脂綿でふやかして、トントン押すようにキレイにしてあげるのが良かったよ〜。

モヤモヤPOINT

泣かれると辛い…

赤ちゃんは、泣くのが仕事だということはよーくわかっています。
だけど泣かれるとかわいそうで苦しくなるし、あまりのうるささでイライラするし困ってます…。

どうしたのー？
ふぇ～
ふぇ
ふぇぇぇ
よーし よしよし…
15分後
イラ…
なんで何しても泣きやまないんだよ～！
ハッ
こんな小さい子に何イライラしてるの私…最低…

小児科医さんに聞いてみた!!

あなたを責めるために泣いているワケではない

耳栓は
就寝時には使わない

基本的に子どもが泣く理由は、暑い・寒い・空腹・排せつ・睡魔などの生理的な欲求を訴えるためです。しかも、5才くらいまでは自分の不快感をうまく伝えられませんので、先は長いです。
抱き方や距離のとり方を工夫してみることをオススメしますが、乳児期にまれに発症する腸の病気で、すごい勢いで泣き続けることもありますので、今まで見たことがないような泣き方をするようなら、かかりつけ医を受診してみてください。
あと、意外と多いのが便秘で苦しくて泣くパターンです。排便が不定期だなと思ったら、早めに治療を受けることをおすすめします。

あらいが思う 虐待ライン

わが子の泣き声は警報音のようなものなので、イライラするのは誰でもあるし、親の体調によっては一度や二度爆発してしまうこともある。
その爆発が日常的にならないように、私たちは睡眠をしっかりとることが必要。

どうしたのー?
よーし よしよし…
ふえ〜 ふええぇ
キィー
だ、だめだ 今日はなんか 辛い!
そっ
緊急退避!
耳栓も してみるか
ここからなら 泣き声が直撃 しない!
いよいっ かかってこい!!

ひとことアドバイス この頃の赤ちゃんって眠るのが怖い子もいるんだって。眠る時の意識がなくなる感覚が怖いんだってさ。だからグズるんだって。困ったもんだよね。

モヤモヤPOINT

抱き癖がついちゃう?

抱き癖がつくと将来甘ったれになっちゃうって…。
自立できない子にだけはしたくないけど、
抱っこしないと泣きやまないし…。
一体どうしたら…?

抱っこしすぎると抱き癖がついて将来甘ったれになっちゃうわよ
って聞いたけど…
抱っこしないとこの子泣きやまないのよね~
でも将来のためにも心を鬼にして抱っこしない!これはしつけよ!
うるさすぎてノイローゼになりそう…

今のうちしか抱けないのでいっぱい抱こう

保育士さんに聞いてみた!!

抱っこをしすぎて将来自立できなかったというデータもなければ、抱っこしなかったおかげで東大に入れた、というデータもありません。
抱っこする／しない、ではなく、安心させてあげることが育児で一番大事なことなのです。抱っこはそれをかなえる一番簡単な方法です。腱鞘炎に気を付けつつ、レッツ抱っこです。

抱っこしすぎると抱き癖がついて将来甘ったれになっちゃうわよ
?
って聞いたけど…
ふ、ふぇ、
ええぇ
ふぇぇ
抱っこしないとこの子泣きやまないのよね～
…でも恥もプライドもなんにも気にせず甘えられるのって今だけよね
甘えたくとも甘えられない、思春期の思い出
今だけはなんにも気にせずいっぱい甘えていいぞ～
ええ～
ふぇ～
ふにゃくふふふ
ん?タグがかゆかったの?

あらいが思う 虐待ライン

しつけと称して放置することは、ひと昔前の考え方です。
また、自分自身がそう育てられたとしても、繰り返す必要はありません。
より良い新しい育て方が今はいっぱいあるので、受け入れてみよう。

2種類くらい
買うつもりでいましょう

ひとことアドバイス 私は産後２週間しないで腱鞘炎になったので、早めに抱っこひも買うのをオススメします。成長に合わせて肩で抱っこするタイプと腰で支えられるおんぶタイプの２種類買えばOK。

モヤモヤPOINT

授乳中、スマホ見てもいいかしら…

ちゃんと目を見て授乳・ミルクあげなきゃって言われてるけど…。私が自由になれるのってその時だけなんだよね…。ダメなのはわかってるけど、息抜きもしたいよ…。

もらった冊子には
授乳・ミルクの間は
赤ちゃんを見つめてコミュニケーション
スマホは見ない!!!
だいたいこう書いてある
いくじ
でも…実際ヒマで寝落ちしそうになるんだよなぁ
コミュニケーションが大事なのはわかってるけど…
モヤァ…
ふえ～
はいはい今いくよ
いくじ
いやいや!ダメだって書いてあるし!
はい どうぞ♪
お～いいねいいね
上手～
ちゃんとやらなきゃ!
…もう自分の時間は一生とれないんだろうな
幸せだけど…悲しいな…

吐き戻しに注意しつつ、息抜きも大事にしよう

保育士さんに聞いてみた!!

授乳・ミルク中に目を離してはいけない一番の理由は、吐き戻しによる窒息ですが、子どもを抱き寄せ、肌を合わせていれば、異変にすぐ気付ける状況だと思います。
なので、あまり理想を追いすぎず、息抜きしていいと思いますよ。まだまだ自由な時間は限られていますから、適度にバランスをとりましょう。

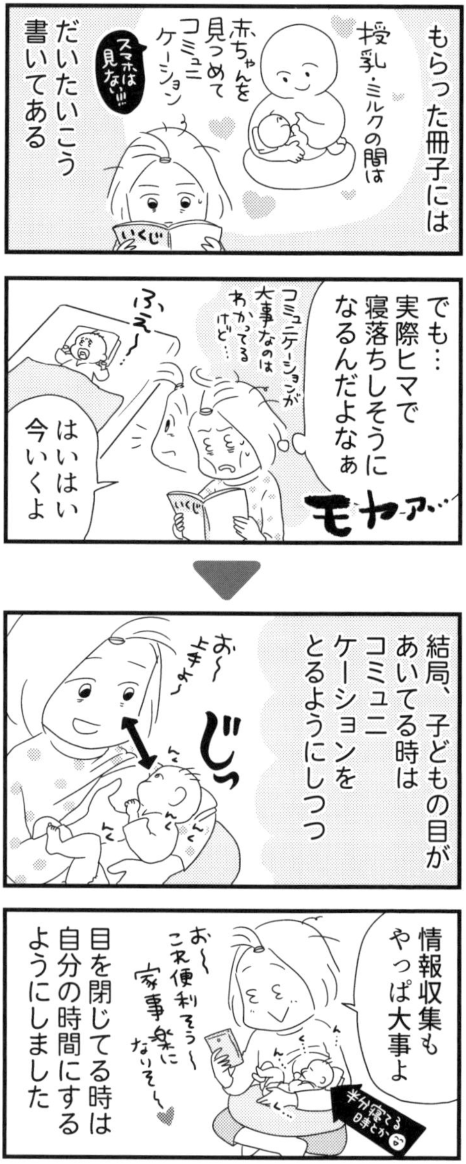

もらった冊子には
授乳・ミルクの間は
赤ちゃんを見つめてコミュニケーション
スマホは見ない!!!
だいたいこう書いてある
いくじ
でも…実際ヒマで寝落ちしそうになるんだよなぁ
コミュニケーションが大事なのはわかってるけど…
ふぇ〜…
はいはい今いくよ
モヤァ…
いくじ
結局、子どもの目があいてる時はコミュニケーションをとるようにしつつ
お〜上手よ〜
じっ
情報収集もやっぱ大事よ
お〜これ便利そう〜家事楽になりそ〜
目を閉じてる時は自分の時間にするようにしました
半分寝てる時とか

あらいが思う虐待ライン

子どもを大事に思うからこそ私たちは頑張っちゃうんだけども、限界を越えてしまうことがある。すると育児が負担になり、子どももかわいいと思えなくなっていく。
子どもを愛し続ける力を温存するために、適度に適当に育児していく。

ひとことアドバイス 個人的には、寝落ちして何か事故を起こすよりはいいかな…なんて思ってましたぁ！　頭だけでもプチ自由時間堪能しよ。

頑張りすぎちゃう
ママたちへ

産後の心と体はボロボロ。

動けるからって動かなくていいぞ!!
「何もできてない」なんて思わなくていいぞ!!

「今日１日無事に過ごせた」
今、目指すのはこれだけでいいのだ!!

あと、「大丈夫？」と聞かれる時って、
だいたい大丈夫そうじゃないから聞かれるんだよ。
だから、「大丈夫？」って聞かれたら、
休む時なんだと思おうね。

パートナーの方へ

パッと見わかりづらいけど、出産後のママの心と体はボロボロ。
寝不足状態の中、未知の仕事で生命にかかわる選択を
常に迫られ、追い詰められているから、
「大丈夫？」「なんかできることある？」と声をかけても、
何をどうやってもらえばいいのかを考える余裕がありません。
もちろん、指示する余裕もありません。

具体的に
「自分が○○するから、とにかく寝て！」
と声をかけてください。

ケーキや花なんかより効くぞ!!

おまけ

子どもが0～1ヶ月の時
あると便利なもの

- ひざかけ、おくるみ等
- ベッドメリー
- 肌着やガーゼ
- ベビーベッド
- ミルククッション
（ミルクあげるときのクッション）

いい気持ちですね～
ぽへあ～
多少は慣れてきたけれど…
えへへ
そろそろ出ましょうね～
うー
ザバンッ
この子の体が冷えないように急がないとぉ！
体ふいて
ワタ
クリームオイル
ワタ
おしりかぶれのお薬
あむ
オムツ着替え
う～～
ポタ
ああ～！私の体が濡れてるから水が落ちる～！
ポタ
髪乾かす時間もちろんない！
とりまタオルターバン
ナマステ～
う～…
カサカサ…
とりあえず化粧水パーン！
まだまだ全然
お風呂ってこんなにせわしないものだったっけ…？
ハァ…
ハァ…
ハァ…
そろそろ寝ようね～…
アワアワします…
う～～
ぷっすぅっ

寝る前のおっぱいと
ぢゅう
ぢゅう
ミルクもどうぞ～
…本当は母乳がいいんだろうけど…
おっぱいは本当にちゃんと出てるかわからないし
何でメーターとかついてないの？
MAX
MAX
ミルクは腹持ちがいいのか寝つきが良くなるって聞くし
はい
トントーン
ケプッ
私ももう少しまとまった時間寝なきゃ倒れちゃうし…
ねーむれ～♪
ねんねこよ～♪
くふ
ふっ
ま～…
…でも育児をラクしようとしてるみたいで
後ろめたい…
よし…着地成功!!!
ソロ～…
ポテ…
ふ
ふ…
ふえ～～…

まだ1時間…
ふえ〜
ええ〜
PM 10:00
…寝ぼけて泣いてる時もあるみたいだしトントンで様子見するか…
ふえ〜
ふえ〜
いつになったらちゃんと夜寝るようになるのかな…?
ふえっ
トン
トン
ええ
え
ふええええ
ふええ
ビリ
ビリ
ビリ
ビリ
ええ
ふえ
うるっさい!
イラ
イラ
イラ
イラ
イラ
イラ
チッ
はいはい
わかったよ!
何泣いてるの!?
ガバッ
どうせオムツかおっぱい…
ハッ
えええええ
いや待て誤飲かも!?
今私寝ちゃってたから
ちょっとお口見せて!
バッ

…ん？
ふぇぇぇ!!
歯が生えてきてる！
ちょこん♥
そりゃムズ痒《かゆ》くて
グズっちゃうよね〜
あっははそっかそっか
うんうん
あはは
はは…
は
ぐ…
こんなに
成長が嬉しいのに
失うことなんか
考えられないのに
怒って…
ごめんね…
イライラするのは
なんで…？

脱「ごめんね育児」ポイント

4

発育に関する感情スイッチは「喜び」だけON

**発育早見表はあくまで目安。
個人差がある、マジ個性。
子どもを信じてみて。**

とはいっても気になるのが親心ってもんですよね。
どうしても気になる場合は病院で見てもらおう。
そのうえで、「2年後も同じことで悩んでいたら、
その時もう一度考える」と決めて、今は忘れる！

私の場合、親せきに障がいのある方がいるので、
息子に遺伝するか悩んでいた時期がありましたが、
小児科医や行政に相談し、
知識をつけ将来の可能性を知ることで
その不安や悩みと折り合いをつけました。

**いろんな育児本に発育早見表は載っていますが、
参考程度に見るのが良いと思います。
母子手帳に載っている成長曲線でさえ、
ひとつの目安ですので。**

**人の子と比較して憂鬱になるのではなく、
わが子のできるようになったことに目を向けて
喜んだほうが圧倒的に良いです。**

脱「ごめんね育児」ポイント

5

ミルクを吐いても子どもは育つ！

赤ちゃんが吐くのは普通だから
焦らないで。
体重が増えていれば大丈夫です。

新生児期〜乳児期は、体重が増えていれば
およそ問題はないかなと思います。

新生児期の病的な嘔吐の場合、
明らかに異常だとわかるケースが多いので、
そうじゃなければだいたい大丈夫。
異常な時は、噴水状にすごい勢いで吐しゃ物が飛んだり、
明らかに顔色が悪かったりしますから。

そうじゃなくて、ゲップと一緒にげぽっと吐いたとか
寝かしたらダ〜ッと出てきたとか、
そういう嘔吐はよくあるので焦らないで。
食道と胃の接合部がゆるいから、
すぐに吐くのは仕方ない。
あまりにも嘔吐が多い場合は、分割哺乳に変えてみましょう。
1日のトータル量を分割して回数を増やし、
1回あたりの量を抑えてみましょう。

ミルクだけでなく、
ハミガキやお風呂などの
お世話スケジュールは狂ってもOK!
子どもが元気でいることが最優先!!

脱「ごめんね育児」ポイント 6

あなたは「ダメ親」じゃないよ

**大丈夫ですよ。
あなたは本当によく頑張ってますよ。
だから、自分をたくさん
褒めてあげて。**

- **「出産しただけで十分偉く、
子どもを死なさないようにしていれば十分」**
と思うこと

- **「自分も一生懸命なのと同じで、この子も一生懸命」**
と思うこと

これらができなければ、子どもの安全確保をしつつ
十分休むことや、ほかの人に頼ることが必要だと思います。

**よその子と成長の差を感じて
一喜一憂するのは普通だよ。**

**でもそればっかりが
頭に浮かんでしまうようであれば、
かなり思いつめている段階だから
不安を発散するタイミングだと思おう。**

子どもが 2～5ヶ月 の頃って…

黄昏泣き、人見知り、遊び飲み、腹ばい練習などがあったり、
この頃の子どもは寝たり起きたり、
好きだったものが突然嫌になったりと忙しい時期です。

肌荒れや乾燥などでボディーソープを変えたり、
クリームを塗ったり等もあります。

パパとママで協力したり相談したりしながら、
日々、わが子を研究し、子どもを知っていく
と面白いでしょう。

少しずつ外にも出られるので
気分転換のためにも散歩するのも良いと思います。

絶対１人で悩まないこと！
こちとら素人なんだから、
全部不安に見えてくるもんよ。

※第三者に相談したい時は100ページ参照

モヤモヤPOINT

いつも泣いて不機嫌な子が辛い…

赤ちゃんが泣くことでしか意思表示ができないのは知ってる。
親を責めるためじゃないことも理解してる。
…だけど何をしても泣きやんでくれないと、
結局自分の育児が悪いから泣いているのかと思ってしまう…。

どうしたのー
おっぱいかなー？ミルクかなー？
なんで泣きやまないの？
何が不満なの？
いや…もしかしてこれ…
ヒマだから泣いてるとかいうやつ…かな？
ム…
私だって疲れてるのにヒマだからって振り回さないでよね…
早く寝てよ

保育士さんに聞いてみた!!

自分の力で泣きやませようと意気込まなくてＯＫ

赤ちゃんが泣く理由の多くは、空腹・温度・オムツですが、自分のオナラの音にびっくりした、目にゴミが入った、眠いけど微妙に体力が残っていて寝つきにくいから思いっきり泣いて体力を使う、などさまざまなケースがあります。
しかし親もエスパーではないので、すべてを察することは難しいですよね。休憩しながら体調不良かどうか観察しましょう。

どうしたのー
おっぱいかなー？ミルクかなー？
なんで泣きやまないの？
何が不満なの？
ブーッ
!!
フンム!!
あ〜ダメだ
このままだとイライラしちゃうから1回休憩だ
スッキリ
…え？
ラー
あうあー
なんだ君はオナラがでなくて泣いてたのかい…？

あらいが思う虐待ライン

泣きやませようと頑張りすぎると、「育児をすることは報われないこと」と認識してしまい、子どもに興味を持てなくなり、ネグレクトにつながることがあると思う。
「何が不満？」と思ったら、頑張りすぎているサイン。１回抱っこするのをやめて、休憩しよう。

だから焦らないで♥
ブッ

ひとことアドバイス 泣いてるとどうしても不機嫌に見えちゃうよね。大人が泣く時は不機嫌な時だしさ、責められてる気がしちゃうよね。苦しくなる時期だから休みをちゃんととることを意識してね。

くまちゃんだよ～
手作りよ～
リン♪
リン♪
無視
あむ あむ あむ あむ
絵本でも読もうか？
ニコニコ
！
あっあっ本が破れちゃうよ！
うー
うぅ～
だから引っ張んないで…って…！
バッ
あー！破けた！
!!
ビリッ
ふぎゃあああ
あっあ
～～……

モヤモヤPOINT

赤ちゃんと遊ぶってどうやって？

おもちゃを用意してもそんなに興味を持ってくれないし
絵本を読もうと思っても邪魔してくるし
外に散歩に行ってもなんかすぐ寝ちゃうし
笑顔にしてあげたいのに、わからない…。

体への優しい刺激が遊びになる時期

保育士さんに聞いてみた!!

赤ちゃんのおもちゃはこの世にたくさんあふれていますが、結局、ツンツンしたり、なでなでしたりが一番楽しい時期です。
数ヶ月前までお腹の中で守られていたので、ツンツンですら十分刺激的なのです。
単純な安心感のある触れ合いの中で信頼関係が作られますので、特別なことは不要です。

くまちゃんだよ～
手作りよ～
リン♪
リン♪
無視
あむあむあむあむあむ
絵本でも読もうか？
ニコニコ
うー
うぅ～
りんごとってよ
あっあっ本が破れちゃうよ！
まだレベルが高すぎたか…
フッ…
りんごとってよ
そんな君には…
あー
スッ
ツンツンの刑～！
ツク
ツク
ツク
ツク
きゃっふあっ
でぃやっあっまぁ

あらいが思う 虐待ライン

思い通りにいかない苛立ちを子どもにぶつけるのは虐待。
でも、「笑顔にしたい」と願った気持ちは、まぎれもなく親である証拠。
北斗の拳のように秘孔をつかぬよう、優しくツンツンして頑張りすぎないようにしてこ。

なにこれ…？

ひとことアドバイス 特別なことをしたり四六時中かまわないといけないと思い込んでたんだけどさ、かまいすぎて「もうやだ！」って泣かれてしまったこともある気がするから、ほどほどがいいんだよね。

モヤモヤPOINT

時々1人になりたくなるのはダメ親…？

はい… 自分で子どもを持つと決めました…。
子どものことはもちろん大好きですし、かわいいです。
…だけど時々、猛烈に1人になりたくなります。
こんな親、最低ですか…？

この子が とっても大事 だけど…
たまには 1人になりたいな
バカバカ!
私ってば何 考えてるんだ! 親ってのは自分の 時間なんかないの!
好きで 親に なったんだから
ちゃんと しなきゃ ダメだよ
でも…
辛いなぁ…

24時間臨戦態勢だもん、息抜きしたくなるのは当然

心&体を壊すより
安上がりっす

保育士さんに聞いてみた!!

「私と離れたら絶対泣くから」と一時保育を断念する親御さんは非常に多いのですが、育児から離れ１人の時間を満喫することは、まったく悪いことではありません。親も自分のメンテナンスが必要です。
なお、一時保育の際は、園の下見や事前登録などが必要なので、体力があるうちにヘルプ先を確保しておくのがベストです。

あらいが思う 虐待ライン

必要な保育者を用意しないまま、子どもを長時間放置することはネグレクト。それをしてしまうのは、頑張りすぎて限界を越えてしまったから。
「理想の親」像を持つのも大事だけど、「自分がなれる親」になろう。

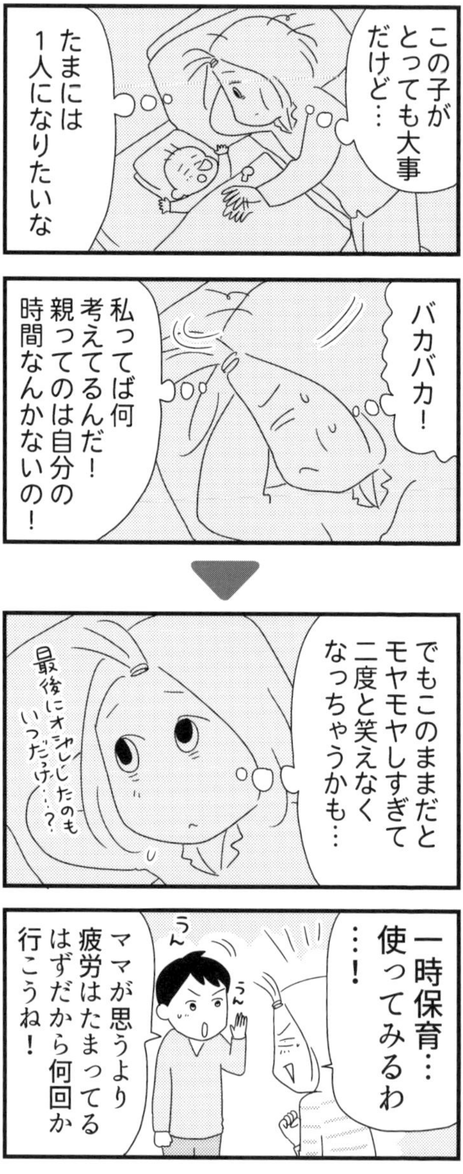
この子がとっても大事だけど…
たまには1人になりたいな
バカバカ!
私ってば何考えてるんだ! 親ってのは自分の時間なんかないの!
でもこのままだとモヤモヤしすぎて二度と笑えなくなっちゃうかも…
最後にオシャレしたのもいつだっけ…?
一時保育…使ってみるわ…!
うん
うん
ママが思うより疲労はたまってるはずだから何回か行こうね!

ひとことアドバイス いくら恋人でも家族でも、ここまで密着して過ごすことってなかったと思うんだよね。一時保育代は健全な家庭を保つ必要経費と考えて、息抜き１人タイム作っちゃお！

モヤモヤPOINT

泣かれちゃうから、トイレすらままならない…

私が見えなくなると泣いちゃうから、なんにもできない。だけどやらないわけにも、トイレに行かないわけにもいかないから、時々泣かせっぱなしに…。仕方ないことだけど、罪悪感がすごいのです…。

はぁ～… ヒマだな～…… でも くっついてないと この子泣いちゃう しなぁ
うっ
あー
うあー
お… おトイレ…!
もじっ
もじ
もじっ
たー
早く便器にあいたい!!!
泣かないで～
ふにゃ～～
ふにゃ
ごめんね ごめんね…
ふにゃあぁ
寝てる時を 狙っていかないと ダメだな…
そうして 我慢を繰り返した 結果、膀胱炎に なってしまった…
ううう～…

「必ず帰ってくる」という信頼関係を築くチャンス

保育士さんに聞いてみた!!

お腹から出てきたばかりで右も左もわからない赤ちゃんにとって、親御さんの存在とはまさに命綱なわけですから、いなくなれば不安で泣いちゃうのは当然…ではありますが！　励ましてくれたり、笑顔で帰ってきて抱っこしてくれる、そんな経験を積むことで信頼関係が養われます。大丈夫です。

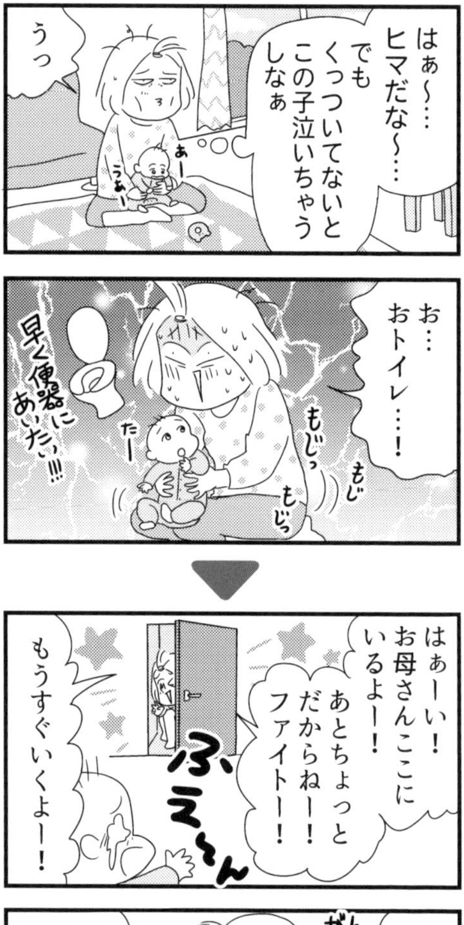
はぁ〜…… ヒマだな〜……
でも くっついてないと この子泣いちゃう しなぁ
うっ
あー
うぁー
お… おトイレ……!
早く便器にあいたい!!!
たー
もじっ
もじ
もじっ
はぁーい! お母さんここにいるよー!
あとちょっとだからねー! ファイトー!
もうすぐいくよー!
ふえ〜ん
お母さんスッキリできたよ〜
ん〜キミはがんばった
待っててくれてありがとう 頑張ったねぇ
まぅ〜
すごい すごい

あらいが思う 虐待ライン

たしかに乳児を育てる際は身を削らねばならぬ時期ではあるけど、自己犠牲を繰り返してしまうと、逆恨みしたり過干渉するようになってしまう。
健康を損なってしまうようであればやり方・考え方を見直す時期。自分にできるやり方を探して休もう。

ひとことアドバイス どうしても泣かせたくないなら抱っこ・おんぶひもを使おう！　どっちにしろ勝手に入ってくるようになるから、今から一緒にトイレに入ることに慣れておくと気はラクだよ。

モヤモヤPOINT

昼夜の感覚っていつつくんですか!?

情報では3ヶ月ほどから夜の睡眠が安定するとありましたが…
まったくでございます！
やっぱり親が教えないとダメなのかな…と覚悟しつつ、
いつ頃までに教えるのが目安なのでしょうか？

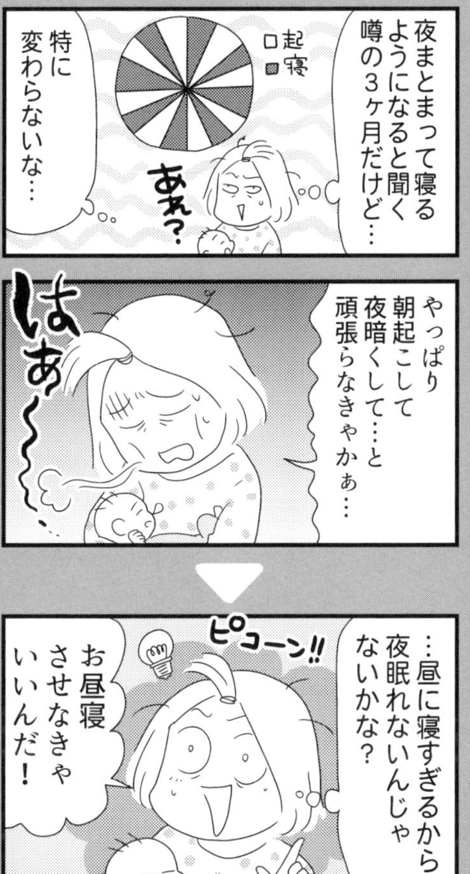
夜まとまって寝るようになると聞く噂の3ヶ月だけど…
起
寝
あれ？
特に変わらないな…
やっぱり朝起こして夜暗くして…と頑張らなきゃかぁ…
はあ〜〜〜…
…昼に寝すぎるから夜眠れないんじゃないかな？
ピコーン!!
お昼寝させなきゃいいんだ！
今寝ないで！寝ちゃダメ！
心を鬼にして!!
夜眠れなくなっちゃうでしょ

3ヶ月〜食事量が安定する1才前後完了を目標に

保育士さんに聞いてみた!!

生後3ヶ月ほどでメラトニンという睡眠ホルモンが分泌されるようになるので、その時期を目安としていますが、安定した睡眠には胃袋の大きさも関係してきますので教えればすぐ身につくというものではありません。
昼は明るく、夜は暗く、と昼夜がわかる環境を継続して用意しつつ、食事量が安定してくる1才前後まで気長にいきましょう。

夜まとまって寝るようになると聞く噂の3ヶ月だけど…
起
寝
あれ?
特に変わらないな…
やっぱり朝起こして夜暗くして…と頑張らなきゃかぁ…
はあ〜〜…
でも今それをする体力ないんだな〜!
だって夜寝ないんだも一ん
仕事ばっかりで
SORRY…
頼れるものと使えるサービスをフル活用して
シッター
一時保育
ネットスーパー
デリバリー
惣菜
レトルト
手配したよ
サンキュ
できる範囲でゆるゆるいくよ

あらいが思う 虐待ライン

夜眠らせるために、叩く・大声を出すなどをして昼寝をさせないのは虐待。
まとまった時間眠ってくれれば自分も休めるから、早く眠れるようになってくれと焦ってしまう気持ちはすごくわかるけど、それは育児を1人で背負い込んでいる状況でもある。誰か・何かに頼って寝よう。

ひとことアドバイス 私は3ヶ月くらいに一気に始めようとして失敗した! 時間にとらわれていたけど、ロボットじゃないんだからそんな正確に暮らすって無理だよね。みんなはゆるくいってくれ〜。

モヤモヤPOINT

やっぱりテレビはつけないほうがいい？

インターネットで「テレビを見せると発達に悪影響」という意見を見てから、なるべくテレビをつけないようにしたいと思っていますが、たまにテレビを見せてひと休みしちゃいます…。見せたとしてどれくらいならいいんでしょうか？

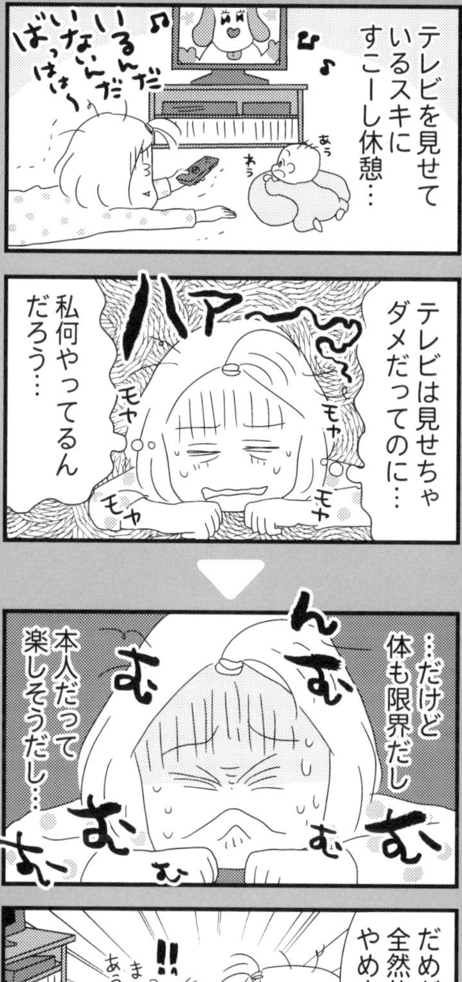
テレビを見せて
いるスキに
すこーし休憩…
いるんだ
いないんだ
ばっはは～
あう
わう
ハア～～
テレビは見せちゃ
ダメだってのに…
私何やってるん
だろう…
モヤ
モヤ
モヤ
モヤ
…だけど
体も限界だし
本人だって
楽しそうだし…
ん
む
む
む
む
む
む
だめだ気になって
全然休めない！
やめよ！
!!
まうっ
あうっ
ピッ

保育士さんに聞いてみた!!

文明の利器をうまく使用し休みましょう

どんな番組を、どう見せるかが問題であり、テレビそのものが悪いわけではありません。ではどれくらい見せていいのか？　１日あたり、起きている時間全体の１割程度を目安としましょう。乳児の場合、長くても30分程。ぶっ通しではなくコマ切れにするのが理想です。

テレビを見せているスキにすこーし休憩…
いるんだ
いないんだ
ばっはっは〜
あう
わう
テレビは見せちゃダメだってのに…
ハア〜〜
モヤ
モヤ
モヤ
モヤ
私何やってるんだろう…
でもこの番組は私が信用できる番組だし…
おー…
このリンゴをだな〜?
周りに危険なものもないし
15分寝よ
スヤァ…
あはっ
こやって
サク
サクサク
サク
サク〜ってな!!!

あらいが思う虐待ライン

テレビに釘づけなのをいいことに、長時間放置・危険な場所へ放置することはネグレクトにあたる。
ただ、そこまでテレビに頼らないといけないくらい、親が追い詰められているということでもある。休むのは悪いことじゃない！ちゃんと休もう！

ひとことアドバイス　わが家は３ヶ月から見せてた。私自身もキャラクターを観察して、子どもを安心させる話し方とか月齢に合わせた遊び方を勉強させてもらったよ！

モヤモヤPOINT

本当は母乳がいいですよね…

母乳の出が安定しておらず、不安なのでミルクもあげているのですが…。どうしてもミルクよりも母乳のほうが絶対いいよね、自然だもん、と感じてしまい、ミルクをあげるたびにモヤモヤします…。実際のところ、どっちがいいんでしょうか？

もともとおっぱいの出がいいとは思えないし
朝はガチガチ
パンパン
…
〜夕方 力ない
夕方になるとさらに出が悪くなるし…
夜は枯れる…
夜ふにゃふにゃ…
沈黙のパイ
し〜ん
なんでよ〜！
もっとがんばってよ〜
だから
Milk
ミルクをあげるしかない…
おっぱい出ないママでごめんね…
んくんく

小児科医さんに聞いてみた!!

赤ちゃんが元気ならばそれでいい

母乳育児が良いのはみんなわかってます。でも、出ないものは出ないし、出ないのを出せというのは精神的な負担を与えるだけ。
今のミルクはとてもスグレモノで、ミルク栄養でも発育・発達はほとんど変わりません。
育児の本質は母子ともに元気であることで、それを見失ってはいけません。
どうか悩みすぎず、「赤ちゃんが元気ならなんでもいいじゃない」と思って育児を楽しんでください。

あらいが思う 虐待ライン

負い目で落ち込んでしまう気持ちは痛いほどわかるけれど、一番大切なことは子どもが安心できる環境を提供すること。
いつも悲しそう・辛そうな親の顔は子どもの心に影を落とす。ないものを数えるよりも、あるものを見よう。そして休もう。

今の時代でよかった!!!

もともとおっぱいの出がいいとは思えないし
朝はガチガチ
パンパン
夕方になるとさらに出が悪くなるし…
…
〜夕方 力ない
夜は枯れる…
夜ふにゃふにゃ…
沈黙のパイ
し〜ん
なんでよ〜!
もっとがんばってよ〜
だけど
ミルクがあるから大丈夫!
Milk
この子はお腹空かないで過ごせるし
みんながこの子のお世話できるから
ママも休める!

ひとことアドバイス 私も母乳＝自然なものという思い込みがあったから、6ヶ月くらいで母乳が枯れた時悩んだ。けど、それからミルクオンリーで育った息子は今6才だけど元気だよ！　大丈夫だよ！

頑張りすぎちゃう
ママたちへ

「心の余裕」の正体は「睡眠」です。

今はまだ思うように睡眠がとれない時期。
心に余裕を持てなくて当たり前だよ〜!!
少し育児に慣れてくると頑張ってしまいがちだけど、
子どもを気にかけるように、自分の体も気にかけてみてね♡

パートナーの方へ

睡眠不足がピークに達する時期です。
ヤバさのピークを迎えているといってもいいでしょう。

睡眠不足は人を変えます。

だからこそ、寝る時は死ぬ気で寝かせてください。

中途半端に休ませるのではなく、
本気で、死ぬ気で休ませてください。

本人の「大丈夫」という言葉をうのみにしないで、
具体的に「自分が○○するから、とにかく寝て！」
と声をかけてください。

あと、ママと子どもの自然体ツーショット写真・動画を
いっぱい撮ってくださいね。もちろんかわいくね。

おまけ

子どもが2～5ヶ月の時
あると便利なもの

- よだれかけ
- ベビーカー
- 抱っこひも
- お母さん用のバッグ
- パパの写真（人見知り防止）
- バウンサー
- 子どもがお気に入りの
  おしゃぶり、毛布など
- おしゃぶりすることが
  できる手持ちの人形
- 好きなおもちゃ
- 歯がためできる安全なおもちゃ
- 離乳食（BF、レトルト）

水の分量は…
ブツ
ブツ
ブツ
小さじ1から…
ブツ
裏ごしし…
おいちぃマンマ
離乳食レシピ1000
ぐつぐつ
いよぉっし！完成！
10倍がゆ
にんじんのトロトロ
手作り栄養満点離乳食～！
最近ついに離乳食が始まりました！
さ～お食べ～
あ～ん♥
んあ
あー？
スッ
で――
えろぉ～…
なんでよぉお！
MANMA
全っっっっっっ然食べてくれません！

あっ！
パシッ
う〜まっ
ベシャッ
って！ベビーチェアにこぼれてるぅ！
うわ〜〜
掃除するの誰だと思ってるのよぉ！
あー
布製なんだよ！？！
やっぱ完璧には落ちないかぁ…
ここからカビが生えたら不衛生だよね…
あむ
あむ
あむ
私何やってるんだろう…
ハァ…
ゴシ
頑張って作っても吐き出されて
毎回掃除に追われて…
ゴシ
ゴシ
う〜
バシャッ
まー
んーなっ
ブチッ
何やってんのよ！
ビクッ

ハッ・・・
ご、ごめん…！
怒鳴ってごめん…
ぶる
ぶる
ぶる
最近の私は自分でも信じられないくらい
こんなとこにバケツ置いてるママが悪いよね
うあぁ
ああぁ
ああぁ
ごめん…
あぁん
ごめんね…
イライラしてばっかり…
友達に相談してみると
BF※とか使ってうまく手抜きしなよ
ん〜…
レトルトとか体に悪そう…
何入ってるかわかんないし
プスー プスー…
結局手作りが一番安心だと思うんだよねぇ
そう思っていたけどお出かけ先で
ん…この離乳食腐ってるかも…？
くんくん
あむあむ
今日気温高いし
離乳食って水分多いし…
まあまあBF買ってくるから
……
ズ〜ン…
うー

※ベビーフード

そうして用意されたBFは
とりぞうすい
レバー入り
あーん
じっ
パク
パク
きぃやっ
お〜全部食べたな〜
きゃっふぁ
空っ
パチパチ
とりぞうすい
レバー入り
ガ〜ン
見事完食でございました…
栄養バランス考えて
食材をすりつぶして
頑張ったのにレトルトに負けた…
報われなさすぎて辛いな…
はぁ…
違うか…
離乳食もおいしく作れないくせに
イライラばっかりしてる私が悪いんだ…
私みたいな人間が親になっちゃって
ごめんね…

脱「ごめんね育児」ポイント

7

離乳食は教科書通りいかなくて当たり前

心　得

一、BFも活用しましょう
一、赤ちゃんの集中力が持つ10～15分で切り上げましょう
一、完食しなくても悩まないで
一、0才児に「お行儀良く」は無理
一、初めて口にする味を警戒するのは当たり前

教科書通りやろうと頑張りすぎないで。
体重が落ちていくようなら問題ですが、
背も伸びて体重も増えているようなら、
完食にこだわる必要はありません。

その都度食べ方が変わったり
好みが出てきたりもしますが、
体調にも大きく左右されるものなので、
あまり振り回されないようにしましょう。

離乳食の大きな目的は
母乳やミルク以外の味がする
食材に慣れること。
要は特訓!!!

脱「ごめんね育児」ポイント

8

「〇〇期」はあくまで目安だよ

	もぐもぐ期 (7〜8ヶ月頃)	ごっくん期 (5〜6ヶ月頃)
離乳食の形態	舌でつぶせるかたさ	なめらかに すりつぶした状態
目的	食べられる 食品の種類を増やす	離乳食を飲み込むこと、 舌触りや味に慣れてもらう
	1日2回程度 離乳食のあとに 母乳やミルクをあげる そのほか、母乳は飲みたいだけ、 ミルクは1日3回程度あげる	**1日1回** 1さじずつからスタート 母乳やミルクは 飲みたいだけあげる

「〇〇期」ごとにレシピが分かれているけど
「〇〇期」を意識したキッチリメニューにしなくていい。
一気にメニューを変えると拒否られる確率があがる！

ちなみに息子はつかみ食べ全然しない子で、
めちゃくちゃ心配だったんだけど、大きくなった今、
彼はとってもキレイ好きということが判明しまして…。
そうです、手が汚れるのがイヤでつかみ食べをしない子だったのです！
現在、指の発達も問題ないので、そういう子もいるんだ〜って安心してね！

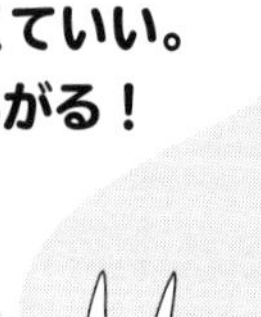

かみかみ期
（9～11ヶ月頃）

離乳食の形態　歯ぐきで
つぶせるかたさ

目的　食の楽しい体験を
積み重ねる

1日3回程度　離乳食のあとに
母乳やミルクをあげる
そのほか、母乳は飲みたいだけ、
ミルクは1日2回程度あげる

ぱくぱく期
（12～18ヶ月頃）

離乳食の形態　歯ぐきで
かみつぶせるかたさ

目的　自分で食べる楽しみを
増やす

1日3回程度　必要に応じて
1日1～2回補食を与える
母乳やミルクは子どもの
離乳の進行状況に応じてあげる

その他ポイント

- 「だしや野菜スープでのばせ」と言うけど、
ミルクでのばしてもOK
- BFは味に差があるものをローテーションで出すと
いろんな味に慣れる
- 手作り離乳食に自信がない場合は、
BFの味付けやとろみ、食材の大きさを参考に

子どもが 6～9ヶ月 の頃って…

支えてあげるとつかまり立ちができたり、
テレビに興味を持ったり、おすわりやバイバイができたりと、
今までよりも大きな成長・反応が見られて楽しい時期。

頭ごっつん、おててぱちぱち、“こんにちは！”、
“いないいないばぁ”、はーい（手を上げる）などができてきて、
コミュニケーションがとれ始めるのは
とてもかわいいですし、うれしい瞬間です。
一方で、**大泣きや人見知り・場所見知り、いたずら**等も出てきます。
家族間での風邪の連鎖も出てくるので注意が必要です。

また、友達はもちろん、自身の顔や肌を傷つけないため
爪切り用のハサミも必須。
オムツによってわが子に合う・合わないもあるので注意が必要。

この頃は、**とにかく離乳食に悩みました。**

手作り＝自然なものという思い込みが私にはあったようで、
BFを使いたくなかった時期あったよ～！

でも**BFは**たくさんの人が栄養を研究して衛生管理をして作られた、**社会の手作りマンマで愛情がいっぱい**こもっているのです!!

モヤモヤPOINT

離乳食を食べてくれない…

ついに始まった離乳食！
子どもの体のためにも手作りで頑張っていますが、
いかんせん食いつきが悪いというか食べないというか…。
一生懸命作った離乳食をべーっと吐き出されると、悲しさと怒りが…。

お待たせぇ！
ご飯ですよぉ〜！
まう
はいどーぞ
ベショベショ
…まずい？
べしょべしょ
べー
そ、そんなにやだ？
MANMA
…今から好き嫌いしてたら将来、何も食べられなくなっちゃうよ！
ちゃんと食べなさい！
ホラッ
あうあん

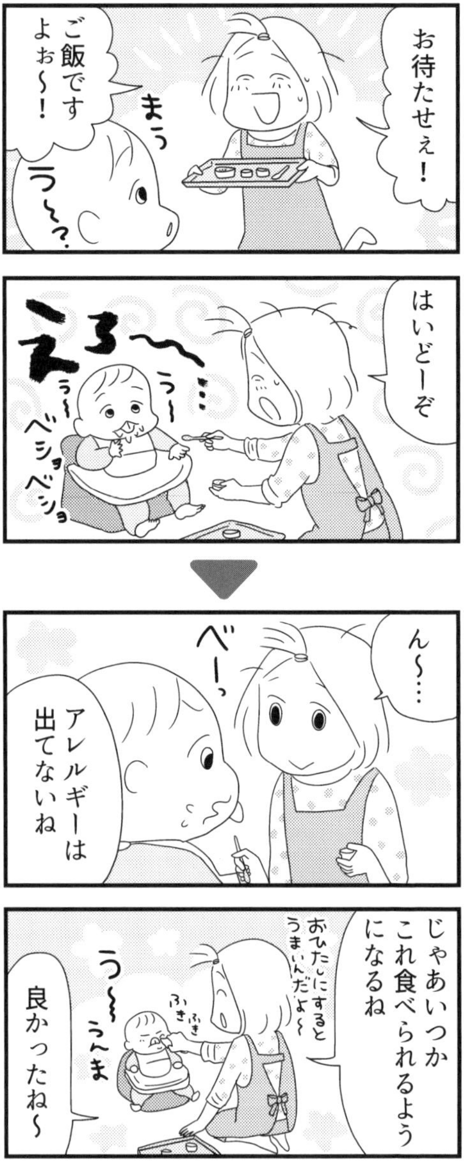
お待たせぇ！
ご飯ですよぉ～！
まうう～？
はいどーぞ
えろ～～…
う～
う～
ベショベショ
ん～…
べーっ
アレルギーは出てないね
じゃあいつかこれ食べられるようになるね
おひたしにするとうまいんだよ～
ふきふき
う～うんま
良かったね～

栄養士さんに聞いてみた!!

食事という行為が初体験なので戸惑っているのです

今食べられなくても 大丈夫よ

たしかに、まずそうな顔で吐き出したりされると、作ったこちらとしてはショックですよね。しかし赤ちゃんは甘味（母乳・ミルク）以外の味覚に慣れていないだけで、決して親が出す料理に美食家のごとくいちゃもんをつけているわけではないのです。
また、液体（母乳・ミルク）以外のものを口に入れるのも初めてのことですから、単にびっくりしてるだけなんですよ。

あらいが思う 虐待ライン

成長に見合わない教育を押し付けるのはNG。
離乳食作りはどうしても気合いが入ってしまいがちな育児タスクでもあるから、空回りして悲しくなっちゃう確率が高い！
肩の力を抜くためにも、BFを活用してみよう。

ひとことアドバイス 私の姪ちゃんがほんっっっとうに食の細い子だったけど、お医者さんと相談しながら様子を見て育てて、今はちゃんとご飯食べてるしめちゃくちゃ元気だから焦らないでね！

モヤモヤPOINT

遊びに行った先でグズられて、心が折れる…

だんだん活発になってきたわが子のために、児童館・公園・商業施設にあるキッズスペースなど刺激のある場所へ頑張って連れていっていますが、グズられると「せっかく連れてきたのに」とモヤモヤ…。頑張った結果、疲れるだけなんて…。

ほらほら！赤ちゃんパークだよ！
うふふ
えへへ
!?
夢のボールプールだぞ～！
いっぱい遊べ～★
え？
ふ…
ふぇ…
ふぎゃっ
ふぎゃいうっっ
うううん ああ
え？
ど、どうしたの？
…連れてくるのまだ早かったんじゃないの？
せっかく休みだってのに……
ハア？私のせい!?
ギス ギス
ふんっ
プスー
プスー
イガイガ

家の中でも十分刺激的！ 情報過多は大人でも疲れる

保育士さんに聞いてみた!!

「遊ぶ」となるとつい奮発してしまう親御さんは少なくないのですが、赤ちゃんにとって家の外は情報が多すぎる、という場合があります。そのため、不安で泣いちゃうこともしばしば…。
また、まだあまり体力もありませんので、大人が願うようには遊べないのです。楽しませたい！ と、はやる気持ちは横に置き、お家探検程度に抑えましょう。

ほらほら！赤ちゃんパークだよ！
うふふ
えへへ
夢のボールプールだぞ～！
いっぱい遊べ～★
!?
え？
ふ…
ふえ…
ふぎゃいうう
ふぎゃっ
え？
どう、どうしたの？
うううん
あぁ
こんなにたくさんのボール見たの初めてだったし
たはは
ふぇえええん
恐くなっちゃったか～
SUSHI
もう少し大きくなってからだったね
くそ～
ま、今日は親の息抜きデーってことにしましょ
プスー
プスー

あらいが思う 虐待ライン

良かれと思ってしたことに対し、想像していた反応が得られず泣かれてしまった時、「もう連れてこない」と脅すのは虐待。
「喜ぶかな？」と頑張ったのに報われなくて悲しかった気持ちはわかる。その気持ちに向き合いつつ、1秒でも長く寝よう。

ひとことアドバイス 私、こうやって空回りしてたな～（泣）。抱っこして近所ウロウロで十分だと気付いた時、脱力したよ～。みんなは気を抜いて遊んでね～！

モヤモヤPOINT

同じ遊びにエンドレスで付き合うのが辛い…

うちの子は、朝から晩までずーっと同じ遊びばかり。
発育を考えたらいろんな遊びをさせたいのに、興味すら持ってもらえない…。
それに、正直なこと言うと、何回も何回も同じことを繰り返すので親のほうが飽きてしまい、付き合うのがめんどうです…。

ぷうっ
ゼェハァ
パッ
ぷしゅるるるる〜…
きゃっ
あんなっ
まっ
まっ
ゼェゼェ
きゃっ
ふあっ
えっ
ま、またやるの？
何回やれば気が済むの…？
もう10回以上やってるよ。
15回目
20回目
この子が笑ってくれるなら!!
ぷうっ
ぷしゅ〜
おっ
おっ
ぷう
ぷう
きゃっ
はっは
たはひゃ
ぷっはぁ
もう〜…やだ！
ガマンの限界!!!
いつまでやらせるんじゃい!!
やんない！

保育士さんに聞いてみた!!

大人ほど記憶力がないため、毎回新鮮なのです

子どもたちとお散歩に行くと、毎回とあるトラックのタイヤの大きさに感動する子がいます。毎回見ているはずですが、記憶力の関係で覚えていません。そのため、目にするたびに財宝でも見つけちゃったみたいな幸せな気分なのでしょう。「うんうん」「そっかー」「楽しいね」と静かに相槌をうつ程度でいいので、本人が満足するまで放って…いえ見守ってあげましょう。

あらいが思う 虐待ライン

遊びに区切りをつける時、待ちきれずに、横取り・暴言・暴力を伴うことは虐待。タイマーなどをセットし、「これが鳴ったらおしまい」と時間の区切り方にならしておくと、もう少し成長した時にラクになる。ただ、先は長いのでゆるくやってね。

笑ってくれるのうれしくて
がんばりすぎちゃうのよね

ぷうっ
ゼェハァ
パッ
ぷしゅるるる〜…
きゃっ
あんなっ
まっ
まっ
きぃやっ
ふあっ
ゼェゼェ
えっ
ま、またやるの？
何回やれば気が済むの…？
もう10回以上やってるよぃ
じゃあ このタイマーが鳴ったらおしまいね
1分にセット
01:00
まん
うあ
じゃないと私の肺と、この後の家事に支障が出る
1分後
ピピピピッ
ピピピピッ
はぁい おしまい〜い 楽しかったねぇ
サッ
続きはまた明日

ひとことアドバイス タイマーで区切りをつけるやり方は２才からずっとやってるけど、６才の今、お互いすごくラクだよ！（区切りをつける時は「最後に○○ね」と最後のチャンスをあげるのが大事）

モヤモヤ POINT

お風呂って、毎日入れないとダメですよね？

産後の疲れが抜けきらないところに離乳食という新しい育児が加わって、毎日ヘトヘトです…。体力に余裕がない中で子どもをお風呂に入れようとするとイライラ…。悪いのは私なのに、怒るなんて…。

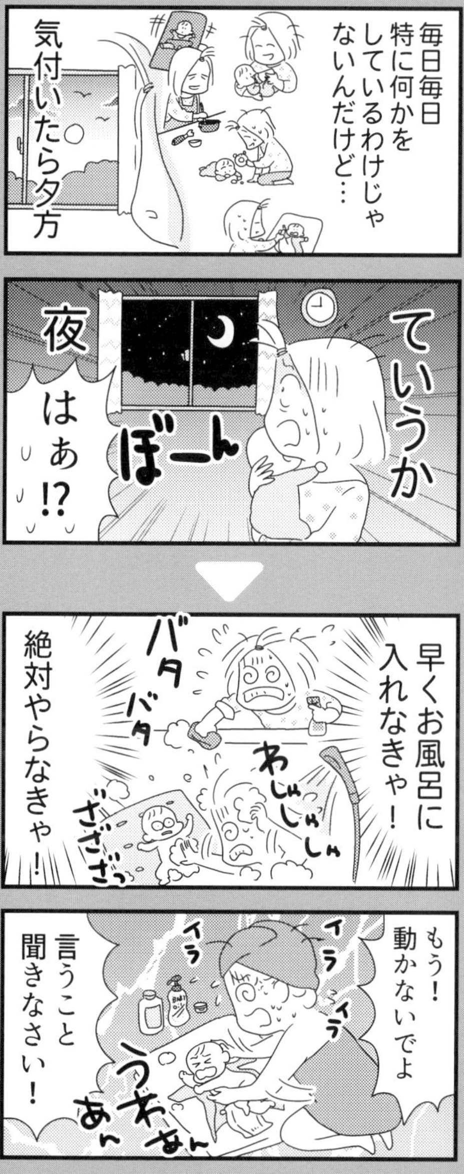
毎日毎日
特に何かをしているわけじゃないんだけど…
気付いたら夕方
ていうか
夜
ぼーん
はぁ!?
早くお風呂に入れなきゃ！
バタバタ
わしゅしゅしゅ
ざざざっ
絶対やらなきゃ！
もう！動かないでよ
イライライラ
言うこと聞きなさい！
うわぁん
あん

小児科医さんに聞いてみた!!

どうしても難しければ1日置きでも可

医師からの指示がない限り、赤ちゃんは毎日入浴させることをオススメしています。それというのも、新陳代謝が大人より活発なため、汚れがたまりやすいからです。
とはいえ、入浴させることが難しい日もあると思います。そういう場合は1日置きでも大丈夫ですので、ご自身を責めることは不要です。

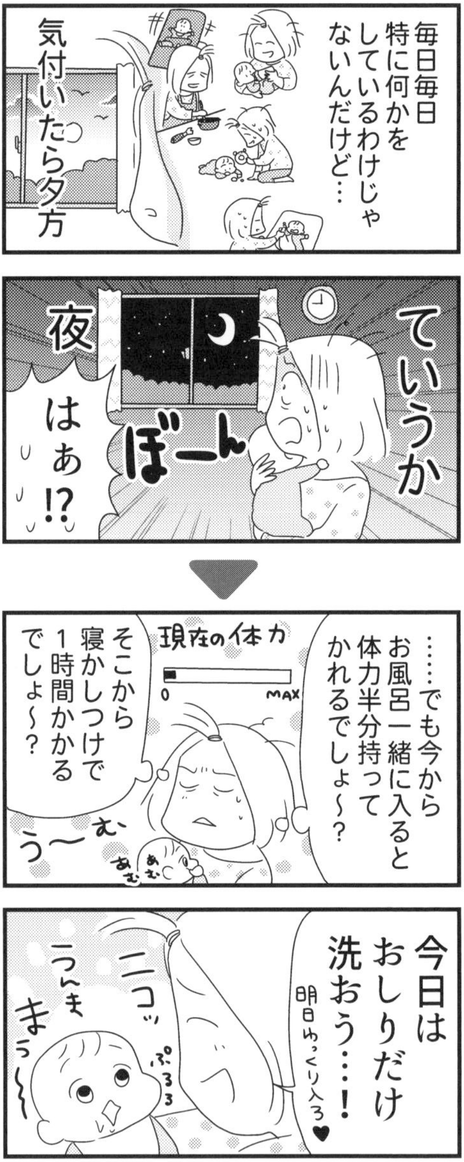
毎日毎日
特に何かをしているわけじゃないんだけど…
気付いたら夕方
ていうか
夜
はぁ!?
ぼーん
……でも今からお風呂一緒に入ると体力半分持ってかれるでしょ～?
現在の体力
0
MAX
そこから寝かしつけで1時間かかるでしょ～?
う～む
あむあむ
今日はおしりだけ洗おう…!
明日ゆっくり入ろ♥
ニコッ
うんま
まぅ～
ぷるる

あらいが思う 虐待ライン

2日以上入浴させないという状況が日常的になっていたらネグレクト。
問題なのは、お世話ができないほどに追い詰められている状況。2日以上入浴させることができない、という状況に陥ったら、勇気を出して人に頼って。

しばらくベビーバスでも大丈夫

ひとことアドバイス 一緒に入る・湯船に浸かることをマストにするのは結構しんどい。私はしばらくベビーバスに戻したし、自分は着衣で息子はシャワー浴びるだけにした日もある。

モヤモヤPOINT

市販のBFを使う罪悪感との闘い

もともと料理が得意というわけでも、好きというわけでもありませんし、日々寝不足のため離乳食作りが苦痛です…。そのため、市販のBFを結構使ってしまっています。でも手作りのほうがいいだろうな、と罪悪感がいっぱいです…。

……ご飯ですよ～
まうぷぃや
ごめんね 今日ちょっと ママ具合悪くて BFなんだ
頭ボ～ッとすんのよ～
おさかなぞうすい
はい あ～ん
パクまん
パク♪
うっうっ
まん
うっ
…こんなに食欲 あるのにBF 出しちゃった…
モヤ…
手作りのほうが 絶対 体にいいよね…
モヤモヤ
モヤ
まんっ
まんっ
うっ～
……

栄養士さんに聞いてみた!!

文明の利器としてうまく活用しましょう

立場上、手作りを推奨いたしますが、私もＢＦを使用したことありますよ！　私も人間ですからね、手抜きしたい時や、体調が悪い時ありますもの。そんな時でもおいしいものを出してあげたいと願う気持ちを助けてくれるのは、ＢＦやレトルトです。
今のＢＦは安心・安全なものが増えています。何を食卓に並べるか選べるいい時代なのですから、それを活用しましょう。

あらいが思う虐待ライン

私も手作り信仰に片足を突っ込んだ経験があるけど、その時は理想の育児にとらわれすぎて、ムダに自己犠牲するようになっていたと思う。そしてそれは、報われないと逆恨みをするという負のループだった。現実的に自分のできることを理解し、成長に合わせて適切な食事を出せているのだから大丈夫と思おうね。

スプーン付きのが便利よ

……ご飯ですよ〜
まうぷいや
ごめんね今日ちょっとママ具合悪くてＢＦなんだ
頭ボ〜ッとすんのよ〜
おさかなぞうすい
んっま、うまっ
パクパク
よかったね〜ＢＦあるからお腹減らないで済むねぇ〜
時代に感謝ぁ!!!
お腹いっぱい嬉しいねぇ
食べ終わったらポイでいいから洗い物もなし！すぐゴロンできて最高っすわ〜
へっへっへ…
プス〜プス〜
ゴミ

ひとことアドバイス　私は「自分で作ればもっと安上がりだし」とか考えちゃったのもあって、レトルトを使うの結構しんどかった。けど、そのうちにあまりの便利さにすっかり虜になったわよ。

モヤモヤPOINT

言葉の発育が気になるけれど…

いっぱい話しかけるべきとは思いますが、
そもそも一体何を話したらいいんでしょうか…？
まだ言葉の意味はわからないでしょうし、
泣いていない限りは放っておいてもいいでしょうか…？

明日は寒いんだってー
あったかくしましょうねぇ
あうーー
うー～
まだ言葉の意味わからないのによくやるねぇ…
フフ♥
でも発達には話しかけって必要って言うし…
いくじ本
脳の発達
話しかけ大全
モヤ
モヤ
私も頑張らなきゃだよね
ママ友も作らなきゃ…
とはいえ
あ、オムツだな
うーー…
別に会話がなくてもお世話できちゃうんだよねぇ…
疲れてるから声出すのもしんどいんだよなぁ
だって
だって
モン
モン
モン
でも
これじゃダメだよなぁ
でもなぁ…
でも

育児はみんなでしていいの

保育士さんに聞いてみた!!

言葉の発育には語りかけは必要不可欠です…。まずは、特別な会話を意識するのではなく、「オムツ替えるよ」→「スッキリして気持ちいいねー」など、日常のやり取りをしてみてください。
ただ、どうしても難しい！　という場合は支援センターや保育園の先生に相談し協力してもらう手もありますので、精神を消耗してまで頑張らなくて大丈夫です！

あらいが思う 虐待ライン

言葉の意味をまだ理解できないからと暴言を吐いたり無視をする、言っている意味がわからないから遮るなどの行為はNG。
ただ、日常会話すらする気になれないのは、追い込まれているサイン。休みが必要な状況なので、身近な人に頼れない場合は一時保育など使用すること。

相性もあるので
まずは相談!!!

明日は寒いんだってー
あったかくしましょうねぇ
あうーーう〜
まだ言葉の意味わからないのによくやるねぇ…
フフ♥
でも発達には話しかけって必要って言うし…
いくじま
脳の発達
話しかけ大全
モヤ
モヤ
私も頑張らなきゃだよね
ママ友も作らなきゃ…
…とはいえ今の私にそんな気力ないな〜！
大事なことなのはわかってる
でも眠いのよ…
○×保育所
疲れているようでいろいろ難しくて…
まう
はいはい♥
来てくださってありがとう

ひとことアドバイス 何を話していいかわからなくて無口になってしまっていたけど、「空が青いね」「花が咲いてるね」とかテキトーに実況中継してりゃ良かったかなと今は思う。

モヤモヤPOINT

子どもを人に預けることに罪悪感…

産後の疲れ・寝不足が今になってピークです。一時保育を検討しているものの、子どもの気持ちやお金がかかることを考えると、やっぱりやめたほうがいい気が…。というかそもそも子どもと離れたいと考えてしまうのは親失格ですよね…。

夫は激務
頼れる人も
そばにいない
あっんなっ
まっ
まっ
そんな中で
どうにか
奮闘してきたけど
さすがに限界
でも私と離れると
泣いちゃうだろうし
ぐぐ…
まっ
きゃ
そもそも私
育児しか
してないのに
ふぁ
わが子と
離れて休みたい
だなんて…
私みたいな
人間が親で
ごめんね…

保育士さんに聞いてみた!!

親も人間ですから、休息は必要！

保育園などに預ける瞬間に泣いてしまう子が多いのは事実です。ですが、何が一番家庭に大事かというと、親の心のゆとりなんです。たしかにお金はかかりますが、助成金が出る地域もありますし、家族のメンタルケアにかける費用はムダではありません。

一時保育を利用することで、家庭内育児では気付けなかった手抜き情報などゲットしつつ、うまく休めるよう願っています。

あらいが思う 虐待ライン

そのまま限界を越えてしまうことの方がNG！　そもそも育児にはとてもパワーが必要だから、「育児しかしてないのに」と自分を責めないで。育児しかできなくて当然なのです。

子どもの声が煩わしく感じたら最後のサイン。家族以外に頼れる場所があることを知るだけでも、心の余裕と安定につながるから、1回試しに行ってみよ。

何もしないが
こんなにゼイタクなこととは…!!

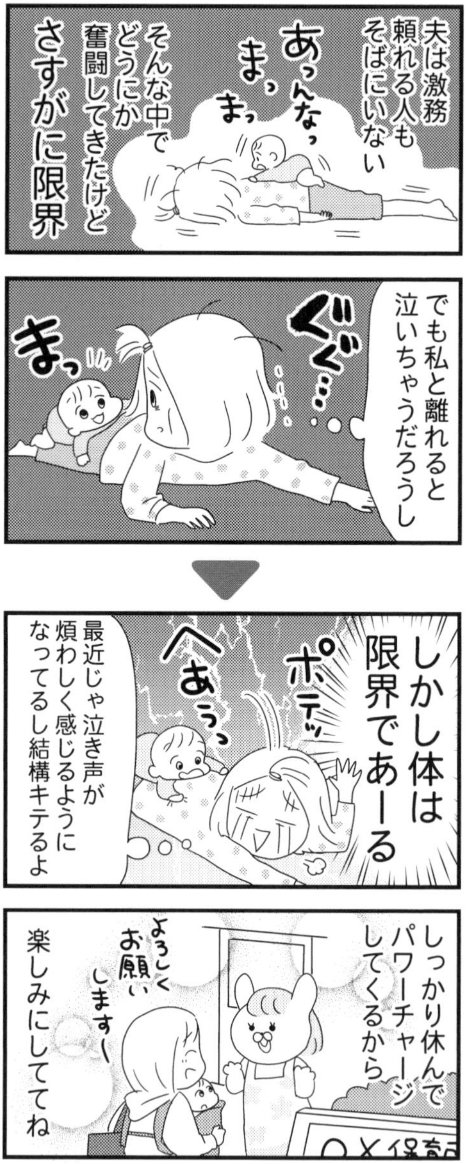
夫は激務
頼れる人も
そばにいない
あっんなっ
まっ
まっ
そんな中で
どうにか
奮闘してきたけど
さすがに限界
でも私と離れると
泣いちゃうだろうし
ぐぐ…
まっ
しかし体は
限界であーる
ポテッ
へあうっ
最近じゃ泣き声が
煩わしく感じるように
なってるし結構キテるよ
しっかり休んで
パワーチャージ
してくるから
よろしくお願いします～
楽しみにしててね

ひとことアドバイス 初めて一時保育使った日、私、息子から離れられることにホッとする自分が嫌だったな。でもその後の時間が最高すぎて目が覚めたよ。頑張りすぎはやっぱりよくねえ！

モヤモヤPOINT

つかみ食べは食育のひとつと言うけれど…

わかってはいるつもりですが、毎回大惨事でいくら食育になるとはいえ、払う代償が大きすぎます…。食べ物をおもちゃにしてる姿を見るとモヤモヤしますし、こんなことが本当に食育につながるんでしょうか…。

はーい
ご飯ですよ〜
ズンッ
うっ うっ うー
…って うぁあああ〜!?
べしょっ
まぅぎぃっ
いつもいつも遊んでばっか!
ちゃんと食べなさいよ!
いい加減にして!!!
誰が片づけると思ってんの!!!
ビクッ
ハッ
遊び食べは見守らなきゃいけないのに怒っちゃった…
〜…
ずずずず
ずーん

トライ&エラーで学ぶものです

栄養士さんに聞いてみた!!

赤ちゃんはまだ体をうまく動かすことができないので、食べ物を口に運ぶ、という動作も難しいのです。スプーンなどは3才前後でようやく使えるようになりますが、それはそこまでに積み重ねた失敗があったからこそ。とはいえ、食事に集中できるのは10分程度ですので、親がストレスを感じている場合は切り上げちゃっていいでしょう。

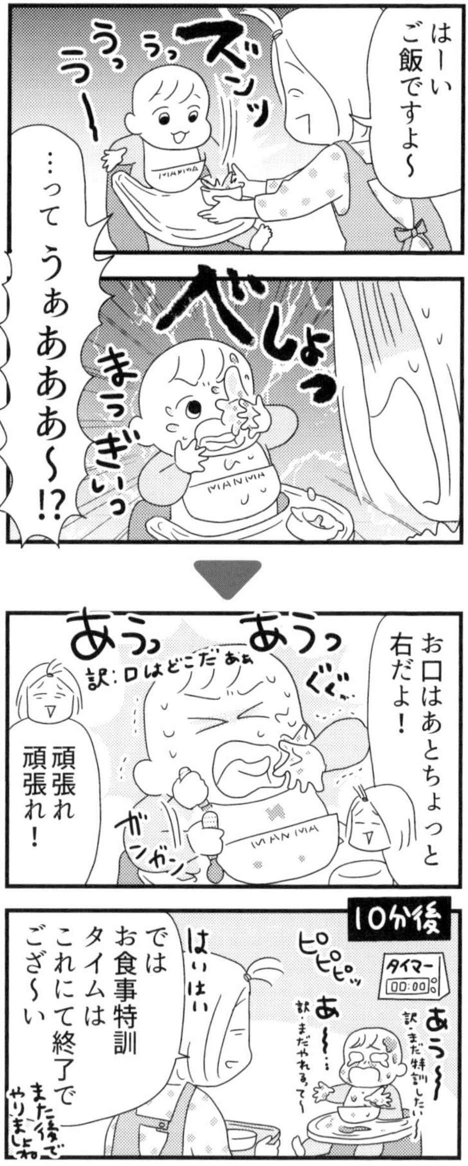

はーい ご飯ですよ〜
ズンッ
うっ うっ うー〜
…って うあああ〜!?
べしょっ
まうぎぃっ
お口はあとちょっと右だよ!
あうっ あうっ
訳:口はどこだぁぁ
ぐぐ…
頑張れ頑張れ!
ガンガン
10分後
タイマー
00:00
ピピピッ
はいはい
ではお食事特訓タイムはこれにて終了でござ〜い
また後でやりましょね
あう〜
訳:まだ特訓したい〜
あ〜…
訳:まだやれるって〜

あらいが思う虐待ライン

片付けが苦痛など、いかなる理由があっても、食事を与えないことは育児放棄。ただ、離乳食というのは産後疲れが残る体に追い打ちをかける新しい育児のタスク。片付けが億劫に感じるほど疲れているのだから、ＢＦを活用し少しでも自分の負担を減らそう。

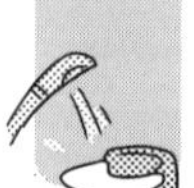

ひとことアドバイス 床は新聞紙ひいて食後にポイ。イスは丸洗いできるものならシャワーで丸洗い。わが家は、比較的汚れにくいベビーせんべい・ひと口おにぎり・バナナで乗り切りました!

頑張りすぎちゃうママたちへ

育児に慣れて、緊張感の糸がぷつんと切れる時期。

これまでに蓄積した疲労が一気に押し寄せてくるぞー!!

さらに、生理の再開とともに
PMS（月経前症候群※）が再開する人も多く、
そこに離乳食作りが加わるので、かなりヤバイんだぁ。
死ぬ気で休めよ!!

※PMS（月経前症候群）
生理前に起こる、体や心の不調のこと。情緒不安定、イライラ、抑うつ、不安、眠気、集中力の低下、睡眠障害、のぼせ、食欲不振・過食、めまい、倦怠感、腹痛、頭痛、腰痛、むくみ、お腹の張り、乳房の張りなど、症状はさまざま。

パートナーの方へ

何回も同じことを書いていますが、大事なことだからもう１回書きます!!
具体的に「自分が○○するから、とにかく寝て!」と声をかけてください。

この声かけ＋ハーゲンダッツは効くぞ!!

おまけ

子どもが6～9ヶ月の時
あると便利なもの

- 歯ブラシ
- 動きやすい服
- 冬場は上下のツナギの温かい服
- 基本的には
  2～5ヶ月の頃の延長

最近子どもが自力で移動できるようになったので
そこで寝ててね
あぅ～
ズリ
いつの間にそんなとこに⁉
育児の難易度があがりました…
ズリズリ
ずりばい
だー
ズリズリ
ハイハイを通り越してつかまり立ち――
ウオオオ写真!!
パシャ シャシャシャ
からのスクワット
アハハハ
まんっ まんっ
まんっ
まんっ
見てる分には楽しいですが
ヒヤヒヤ…
転倒が怖いので目を離すこともそばを離れることもできず
フラフラ
フラフラ
いつでも受け止める準備OK
疲労困憊でございます
ちゃんとつかまっててよ～…

体力もついてきたから
もっと遊ばないとだけど
モャモャ…
まんまん
まんまんっ!!
む、無理…
あ〜…
もうこんな
時間か
スーパー
行かないとなぁ
うんっくっ
うんっくっ
ほい
乗って
くーださい
ふう
自力で
動けるように
なったせいか
体が固定される
ベビーカーが嫌いに…!
びぃやぁあああ!!!
お願い！
我慢して！
おつかいだから
荷物がね…!!!
ガス
ガス
すみません
すみません
シーして!!
ペっペっ
スーパー
激安のゴリラ
…子ども産んでから
私、謝ってばっかりだな…
鮮魚
…あのママさん
同じマンションの人だ
おトク
デー
子ども
同じくらいの月齢かな…?
キレイにしてるし…
子どもも
なんか穏やかそう…
なーにっ
リンゴ
食べる?
まっ

それに比べて私は…
寝グセ隠し
パサパサ
カサカサ
ミルクのしみ
毛玉
米粒
ボロボロジーンズ
もやし
…私が余裕がないから
んぎゃあぁうん
あうぎ
この子もこうなっちゃうのかな…
スーパー
激安のゴリラ
やっと寝た…
プスプス…
どうしたらもっと「余裕のある親」になれるんだろう…
おしらせ
○×保育園
相談してみるべき…?
育児相談
来てみませんか?
でも…ダメ出しされたり叱られそうだな…
あなたの悪いところはうんぬんかんぬん!
※勝手なイメージ
…気持ちに余裕がないからイライラしてんのにもっと悪化しそう…
…これ以上頑張れないしどうせキレイごと言われるだけでしょ
いらない!

ふっ
ふえっ
わぁ
起きちゃった
もぞ
もぞ
あうま〜〜
もう少しで
お家だから
我慢して！
ね？ね？
ふえぇぇ
もう！
ママを困らせて
そんなに楽しい!?
ジタバタ
ハッ
違う
ミルクの
時間だ
お腹空いて
泣いてる
だけだ
ふえぇぇ
私を困らせ
ようとして
泣いてるわけ
じゃないのは
知ってるのに
私は
「余裕」
ないから
こうやって
すぐ怒るんだ
でも
どうすれば
いいの…

脱「ごめんね育児」ポイント 9

人に頼っていいんだよ

家族・親族以外で子どもを預けられる場所

保育園の一時保育

- 1時間400〜600円前後（認可保育園）、1時間1500〜3000円前後（認可外保育園や民間が運営する一時保育）
- 施設に預ける
- 受け入れ人数に定員があるので予約が難しい

各自治体のファミリーサポート（ファミサポ）

- 1時間600〜1000円前後（曜日や時間帯によって異なる）
- サポートしてくれる人の家に預ける
- 緊急預かりが難しい

ベビーシッターサービス

- 1時間1000〜4000円前後（運営団体によってまちまち）
- 自宅や指定した場所で子どもを見てもらう
- 緊急預かり、早朝や深夜などの個別リクエストに対応

ショッピングモールによくある室内遊技場では、保育士資格を持つスタッフが子どもをみてくれるところもありますよ！

リフレッシュすることに
罪悪感を抱かないで！
あと、ムダな出費と思わないで!!!!

「休まなきゃ」「リフレッシュしなきゃ」と
気負わず、「自分が子どもと離れる特訓」
「休み方を思い出すための時間」と思おう

脱「ごめんね育児」ポイント 10

第三者に悩みを聞いてもらお

	TELまたは検索ワード	相談にのってくれる人	相談内容
保育園、幼稚園の一時保育	お住まいの市区町村名 ＋ 一時保育	保育園、幼稚園の先生	未就学児の子育ての悩み全般
日本保育協会の子育てホットラインママさん110番	03-3222-2120	保健師、元保育園長など専門の先生	妊婦さんの悩み、乳幼児の子育ての悩み全般
エンゼル110番	0800-5555-110	保健師、管理栄養士、心理相談員など	妊婦さんの悩み、乳幼児の子育ての悩み全般
日本助産師会の相談窓口	日本助産師会 ＋ 相談窓口	助産師	女性の性と生殖にかかわる健康問題とケアの方法（妊娠、不妊、更年期などに関する相談もOK）
各自治体の保健センター	お住まいの市区町村名 ＋保健センター	保健師、栄養士、歯科衛生士など	子どもの発達や健康面、日々のお世話の方法など
各自治体の育児相談窓口・子育て支援センター	お住まいの市区町村名＋育児相談（または子育て支援センター）	保健師、看護師、教員、保育士、家庭児童相談員など	育児全般
児童相談所	全国共通ダイヤル 189	児童福祉司、児童心理司、医師、保健師など	子育てが精神的または金銭的に辛くなった時の相談、子どもの発達や健康面に関する相談、障害に関する相談、非行に関する相談、不登校や性格行動に関する相談など

相談員との相性があることを忘れてはならない!!!
この人とは相性悪いかも？
と思ったら即、ほかの相談窓口へ。

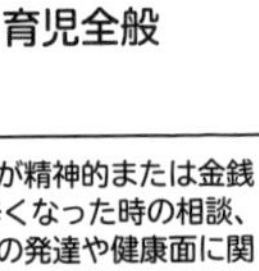

私が一番相性が良かったのは近所の保育園でやってる育児相談だった。
公立なら無料の場合が多いから、気負わず行ってみてほしいな。

脱「ごめんね育児」ポイント 11

他人に預けるのは「かわいそう」じゃないよ

たまにはゆっくり休んで、
笑顔と元気を蓄えましょう。
家族全員のために。

初めて預けるのはとても不安ですね。
私も不安でしたし、子どもが泣くので心も痛みました。

しかしながら、子どもにとって一番良いのは、
お父さんやお母さんが元気なことです。
少しの間、ほかの方に見ていただくことで、
親の心も体も元気になってくれたら、
親にも子どもにも良いことだと思います。

また、子ども自身、同世代の友達や、
見たことのないおもちゃや人、環境などを体験することで
いろいろな刺激を受けながら成長していきます。

少しの時間を積み重ねて預けることで、
子どもも慣れて、成長していきますよ。

限界を迎えてから
探すのでは
遅いのよ…（涙）。

理想は出産前だけど、
元気なうちに頼れる場所を
探しておいてね！

子どもが 10~12ヶ月 の頃って…

この頃はハイハイやずりばい、つかまり立ち等ができて

誤飲や転倒などに気が抜けない時期です。

子どもの手が届くところにものを置かないことや、
転倒時の衝撃を軽減する工夫が必要です。
また、引き出しを開けられるようにもなるので、
何かしらの工夫をして防ぎましょう。

一方で、「パパ」「ママ」などの一語文や、
ばんざーい、ちょうだい、ハイタッチ、
（絵本を持ってきて読んでと）アピール等が出てきて、

コミュニケーションがとれるのも楽しい時期

です。
子どもの安全に配慮しつつ、
著しい成長に喜びを感じると良いと思います。

赤ちゃんっぽさが終わる時期。
１才過ぎるとある日突然幼児になるから、

今が最後のボーナスステージよ!!!!

成長しちゃえばずっと大人の姿だけどさ、
赤ちゃんの姿って本当、今しか見られないものだから。
写真も動画もいっぱい撮ってね!!

モヤモヤPOINT

ママ友が作れません…

人見知りのため「ママ友」が作れません…。子どものことを考えたら「ママ友」を作り、いろんな子と触れ合う機会を作らなければいけないのに、私がふがいないばっかりにそれができません…。

……
ドキ
ドキドキ
ドキ
ドキ
ドキドキ
ドキ
ピョンピョン
そこでりんごがひとつ～
ポトッ
絵本読みきかせ会に行ったはいいものの
としょかん
誰とも挨拶できなかった…
この子にお友達を作ってあげなきゃいけないのに…
私がふがいないせいでそれができない…
トボトボ…

親が介入しなくとも子の交流を広げる方法はある

……
ドキ ドキ ドキ ドキ
ドキ ドキ ドキ ドキ
そこでりんごがひとつ〜
ポフッ
きえたりんご
ピョンピョン
絵本読みきかせ会に行ったはいいものの
誰とも挨拶できなかった…
としょかん
まあ…今新しい人間関係を始める余裕もないしなぁ
ランチとか行くなら寝てたいっつーねっ
本当に仲良くなりたい人を大事にできるまで無理に作らなくていいよね
この子にもそういうことを伝えたいな
くぁ〜

保育士さんに聞いてみた!!

たしかに、同世代の子と触れ合うことは大切です。ただ、その環境を無理にご自身で用意する必要はありません。ぜひ一時保育などを利用することを検討してください。
子どもは普段家庭では味わえない環境から刺激をもらえますし、親御さんは休めるしで良いことずくめ！　1回来てみて！

あらいが思う虐待ライン

他人を信用していないと、自分1人で頑張りすぎてしまう。そうなってしまった経緯がきっとあるんだよね。
でも、頑張りすぎると悲観的になったり視野が狭くなりがちなので、せめてプロに頼る勇気だけでも持ってみて。きっとラクになるよ！

自分でやらなくても
いいのよん

ひとことアドバイス　私、なんとなく知っているママさんはいますが、息子が6才になった今でもママ友はいません。「ママ知り」しかいませんが、発育に支障はありません。大丈夫です。

モヤモヤPOINT

指しゃぶりは愛情不足って本当？

うちの子は指しゃぶりが大好きです。
でも、親指がいつもふやけてますし、爪の形も心配です。
それに指しゃぶりは愛情不足だと聞きました…。
私たち親が悪いせいでしょうか…。

うちの子はいつでも指しゃぶりをしている
ちゅっちゅっちゅっ
ちゅっちゅっ
…これほっといたら歯並び悪くなるよね…？
ちゅっちゅっちゅっ
愛情不足だからするとも聞いたよ…
ちゅっちゅっ
へんなクセがつく前にやめさせよう！
チュポンッ
!!
そうだね！ほら！やめな！
お前のためなんだよ！
うえあぁあ
あ
泣かないの！
ああぁあぅあうあぅ

だいたいは「ヒマだから」か「なんか安心するから」

うちの子はいつでも
ちゅっちゅっちゅっ
指しゃぶりをしている
ちゅっちゅっ
…これほっといたら歯並び悪くなるよね…？
愛情不足だからするとも聞いたよ…
ちゅっちゅっちゅっ
ちゅっちゅっ
不安だから歯医者さんに行ってみようかな
自分たちだけでモヤモヤしてもしょうがないね
もう少ししたら考えましょうね
はい！

小児科医さんに聞いてみた!!

単純にヒマだからしています。ヒマ＝ほったらかしているから愛情不足、ではありません。指をしゃぶることで安心する子もいるので、4才くらいまでは歯医者さんに噛み合わせの様子を見てもらいながら、自由にさせてOK。ですが、感染症のリスクはやはり高いので、それだけ気を付けてください。

あらいが思う 虐待ライン

理由はなんであれ、無理矢理子どもをコントロールしようとすることはNG。真面目だからこそ自分たちだけで解決しなければと頑張ってしまうのだと思うけれど、そこはお医者さんや歯医者さんに頼ろう！
ムダな情報に振り回されるよりも、もっとずっとラクになるよ！

イエイ!!

ひとことアドバイス 私自身、小学校２年生まで指しゃぶりしてて、結果出っ歯になったと思っていたんだけど、遺伝だったわ。心配しすぎて損した！

モヤモヤPOINT

もっと体を動かして遊んでほしい！

発達を考えるともっと体を動かして遊んでほしいのですが、公園に連れて行ってもグズグズ泣いちゃったりしてうまくいきません…。もうそろそろ歩き始めてもいい時期なのに、こんな状態だから遅いのだと思い、焦ります…！

あの子はうちの子と同じくらいの月齢の子かな？
おっ
おっ
うわ〜すごーい！もう歩いてる！
おっ おっ
ヨチ
ヨチ
ヨチ
それに比べてうちの子は…
プス
プス〜
せっかく公園に連れていっても遊びもしない…
寝てばっか…
体をいっぱい動かして元気に育ってほしいのに…
モヤ モヤ
モヤ モヤ
どうしたらいいのかな…

ほかと比べないためにも小児科医に相談してね

あの子は
うちの子と
同じくらいの
月齢の子かな？
おっ
おっ
うわ〜
すごーい！
もう歩いてる！
おっ
おっ
ヨチ
ヨチ
ヨチ
ヨチ
う、うちの子
発達遅くない
ですか…？
いつ頃まで
様子を見れば
いいですか？
キッズクリニック
あ〜う
とりあえず
1才半くらいかな
じゃあ
1才半まで
悩まなくていいって
ことですな！
性格もあるので
思いつめる必要は
ないですよ〜

小児科医さんに聞いてみた!!

赤ちゃんの発育・発達のことは、あらゆる本に書かれていますから、気になってしまうお気持ちはよくわかります。ただ、赤ちゃん・子どもがみんな好奇心旺盛で体を動かすことが大好き！　というわけではありません。不安な場合は、小児科医と一緒に発達ペースを見ていきましょう。発達のことは、どうか家庭内だけで悩まないでください。

あらいが思う虐待ライン

たとえ子どものモチベーションを上げるためだろうとしても、他人と比べる行為は、子どもの自尊心を傷つける。
もしかしたら、あなた自身が親から同じように他人と比べられて発破をかけられてきたのかもしれないけれど、そのやり方はここでやめよう。

どんぐりですら
個性がある

ひとことアドバイス　「子どもは外でのびのび遊ぶもの！」って思い込みがあるとインドア派な子を持った時焦るよね。でも誰かを傷つけるわけでなく、本人が幸せならなんでもいいのよね。

モヤモヤPOINT

ハミガキ苦戦中です…

離乳食も進んできたし乳歯が生えてきたので、やっぱりハミガキしないとと思いますが、泣き叫ばれて心が折れます…。抑えつけるのも胸が苦しい…。普通に磨いてあげたいだけなんだけどな…。

この間初めてハミガキやってみたけど…
ぎぃやぁ
ああぁぁ
めちゃくちゃ泣かれたなぁ…！
思い出しゲンナリ
サクッ
ラ～
だけどこのまま虫歯にさせるわけにはいかない…！
ゴゴゴゴ
ベビーせんべい
動くと危ない！
心を鬼にして!!!
我慢しなさい！
うぎゃ
あああ
ジタバタ
あああ
今日も泣かせちゃったな…
うわぁぁぁぁ～
あああぁぁあん

結局は慣れなので少しずつトライ

保育士さんに聞いてみた!!

まずは歯ブラシを口に当てることから始めましょう。次に口に入れて1秒磨いてみる。徐々に時間を延ばし5秒、10秒…と最終的に3分間磨けるようになればOK。
赤ちゃんのうちから歯ブラシ状のおもちゃを与えたり、歯ぐきをタッチするなど、口の中を触られるという感覚に慣れさせておくと、あとあとラクですよ。

この間初めてハミガキやってみたけど…
ぎゃあああぁ
めちゃくちゃ泣かれたなぁ…!
思い出しゲンナリ
サクッ
う~
だけどこのまま虫歯にさせるわけにはいかない…!
ゴゴゴゴ
ベビーせんべい
でもこんな棒が口の中で暴れまわるのって怖いよね
ジャリジャリしてるしキモチ悪いのかも…
今日は1秒!お口に入れてみよう!
タッチから
まずは
すこーしずつ慣れていこうね!
ぎ~
※必ず支えましょう

あらいが思う 虐待ライン

泣き叫ぶのはやはり恐怖心があるからで、それを怒鳴ったり叩いたりして無理矢理やらせるのは虐待。
子どもを思うからこそ焦ってしまう気持ちはわかるけれど、ダメなんだよ。
楽しく気持ちよくハミガキできるようになるから、焦らないでね。

まずは1秒タッチ
つん

ひとことアドバイス 歯ブラシに限らず、靴も同じ。普段からスリッパとかルームシューズ履く習慣をつけておくとラクかも。大人だって習慣にないものは初めは戸惑うから一緒だよ。

モヤモヤPOINT

マグマグのトレーニングがうまくいきません

卒乳に向けて、そろそろマグマグを始めようと思うのですが、飲んでもピューッと吐き出されてしまい、あっという間に洗濯物が山になります…。掃除にも追われイライラもマックス、心が折れそうです…。

うわあぁぁ
だっ
はうふう
ぱぁ～
も！もう1回！
ピュ～～
んっ!!
いやあああ!!!
な…何遊んでるの！
ムッカァ
ちょっ！もっと優しく教えてやれよ！
ビクッ
私だって怒りたくて怒ってるんじゃないよ！
見てよ!!!
この洗濯ものの山
でも後片付けが増えて大変じゃない！
こんなことするなら休みたいよ！

お風呂場でやりましょう

保育士さんに聞いてみた!!

これまで、水分補給の方法が「自分で吸う→水分が入ってくる」だったのに、「コップを傾けただけで口内に水分が入ってくる」に変わったものですから、びっくりしてしまい、吐き出してしまうのです。
ちなみに、クジラのようにピューッと吐き出すのは楽しいからです。そういう時の特訓は、お風呂場でやるのがベストですね。

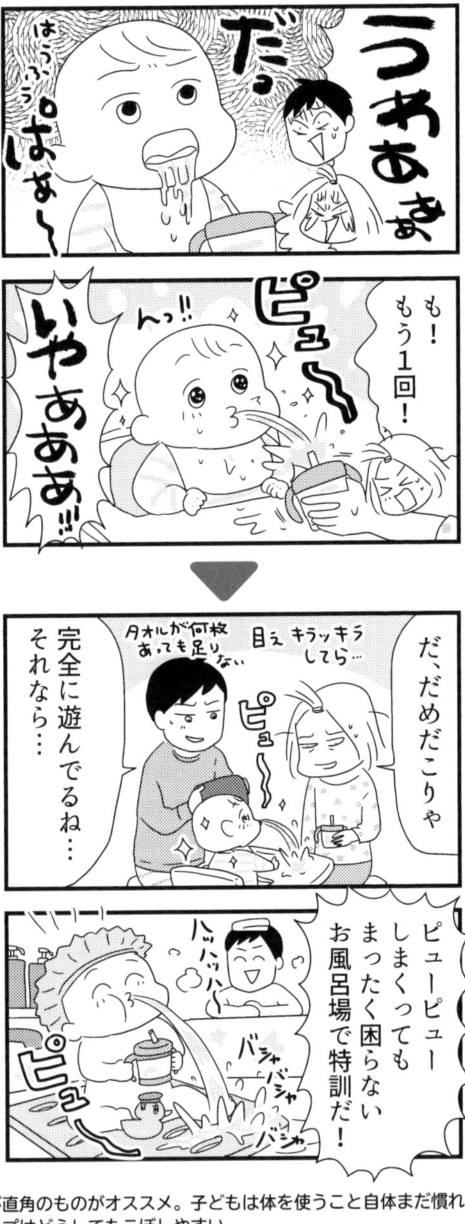

うわあぁぁ
だっ
ぱしゃ〜
も！もう1回！
ピュ〜
んっ!!
いやあああ!!!
だ、だめだこりゃ
目ぇ キラッキラ してら…
ピュ〜
タオルが何枚 あっても足りない
完全に遊んでるね…
それなら…
ピューピューしまくっても
まったく困らない
お風呂場で特訓だ！
ハッハッハ〜
バシャバシャ
バシャ
ピュ〜

あらいが思う虐待ライン

ただでさえギリギリの毎日、家事が増えてイライラするのは当然のこと！
だけど、それを子どもにぶつけてしまうと虐待になる。まずは、イライラする気持ちを否定しないでほしい。それは自分が追い詰められている、というサインだから。もう自分を否定しないであげよう。

ここが直角の
90°c
コップがいいよ

ひとことアドバイス コップを選ぶ時は角が直角のものがオススメ。子どもは体を使うこと自体まだ慣れていないから、変な角度がついているコップはどうしてもこぼしやすい。

モヤモヤPOINT

虫歯が気になるので、卒乳を考えていますが…

虫歯が気になるので、もうそろそろ卒乳を考えています。でもおっぱい・ミルクがないと寝かしつけられる気がしません…。母乳なら虫歯にならない、などいろんな意見もありますが、不安で不安でスマホで検索しまくってしまいます…。

寝かしつけしながらおっぱいをあげてます
んく…
んく…
んく…
必殺 添い乳
せっかく寝た子を起こしてまで
やっとフリータイム…!
すかー
すかー
ハミガキをする気にはとてもなれない…
スマホで
母乳 むし歯
ミルク むし歯
いろいろ調べまくって
一睡もしてないのに起きちゃった
ふっ
ふえ、
ふえええ〜
時間をムダに過ごしてしまう…

馴染みの歯医者さんを作るタイミングです

小児科医さんに聞いてみた!!

乳幼児の頃は、虫歯のリスクを減らす唾液の量も多いですから、あまり神経質になりすぎる必要はありません。
また、歯が弱い体質の子もいますので、早く断乳したからといって、虫歯にならないとは言えません。
それよりも、気の合う歯科医を見つけて検診に通い、少しでもお子さんを歯医者さんに慣れさせておくことのほうが大切です。

あらいが思う 虐待ライン

一番やってはいけないことは、子どもの体調不調を放置すること。
けがや虫歯を完全に防ぐことは不可能なのだから、けがや虫歯で不安な気持ちになっている子どもに寄り添えるよう、心の余裕を持つことに重きを置こう。そのためにはよく寝るべし。

寝かしつけながら
んく…んく…
おっぱいをあげてます
んく…
必殺 添い乳
せっかく寝た子を起こしてまで
やっとフリータイム…!
ハミガキをする気にはとてもなれない…
すか〜
だけど検診に行って
大丈夫ですね〜
歯科医のお墨付きですから!
んふ♥
安心して眠れちゃうぜ!
Zzz
すか〜
すか〜

ひとことアドバイス しっかりハミガキしてるのに虫歯になった例もあるから、正直、本当に体質だと思う。気を配ってあげることしか親はできないものだと割り切っておくと吉。

モヤモヤPOINT

勇気を出して相談してみたものの…

勇気を振り絞って、とある場所で育児の相談をしてみました。そしたら「そんなことも知らないの？」「考えすぎでは？」などと言われ、挙句「親なんだから、もっとしっかりしてくださいね」と…。私に親としての覚悟が足りないだけなんだと、余計落ち込みました…。

あの…最近ものすごくイライラしていて…
子どもを虐待してしまいそうで不安なんです
あなたお母さんなんだからもっと頑張らないと！
え…
しっかりしてくださいね
助けてほしかったから電話したけど…
私に親としての頑張りが足りないだけだったんだ…
でも…もう無理…
だなぁ…

保育士さんに聞いてみた!!

相談先をひとつに絞らない

せっかく勇気を振り絞ってくださったのに、無念でなりません。相談したあなたが悪いのではなく、100%聞き手が悪いです。
実際のところ、聞き手との相性はあります。そして、相談していただいても、結局は自分で動くしかないという現状もあります。
どうか、いっぱいいっぱいになる前に、普段から一時保育などを利用して、ご自身をいたわってください。

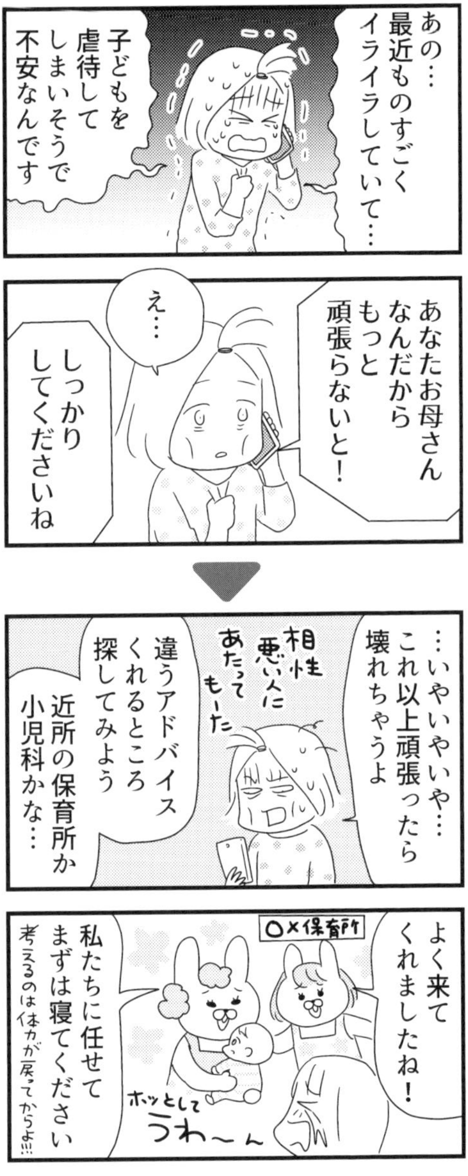

あの…最近ものすごくイライラしていて…
子どもを虐待してしまいそうで不安なんです
あなたお母さんなんだからもっと頑張らないと!
え…
しっかりしてくださいね
…いやいやいや…これ以上頑張ったら壊れちゃうよ
相性悪い人にあたってもーた
違うアドバイスくれるところ探してみよう
近所の保育所か小児科かな…
○×保育所
よく来てくれましたね!
私たちに任せてまずは寝てください
考えるのは体力が戻ってからよ!!!
ホッとして
うわ〜ん

あらいが思う 虐待ライン

その相談を受けた人をとっちめてやりたい。
ただ、本当に残念なことに助けを求めても、緊急性がない、つまり子どもに命の危険がない限り、「ホイサ!」と助けてくれる機関はほぼないと私も思う…(2021年現在)。
だからこそ、自分を追い詰めないように努めよう。

アハハ

ひとことアドバイス これね、私もありました。勇気出して電話したんだけどねぇ…。でもちゃんと相談できる場所を見つけたから。相性って本当にあるから、絶望しないでほしい。

モヤモヤPOINT

叩かれたり噛まれたりしてイライラ…

子どもがまだ赤ちゃんで、自分のしていることの意味がわかっていない、と頭ではわかっているのですが、乳首を噛まれたり顔を叩かれると怒りが抑えられなくなります。こんなことでキレるなんて、自分が育児に向いてないのだと思います…。

はぁい
おっぱいで～す
ガブリッ
…ったぁ!?
はぁああ?
すげーニコニコ
してんですけどぉ?
なになに?
私の反応見て
楽しんじゃってる
わけ～?
噛まれるかもって
怖い気持ちで
頑張ってるのに…
なんなの…?
ほんとムカつく…
……
わが子が
憎らしい
なんて…
…私って
ダメな親だ…

保育士さんに聞いてみた!!

育児はイライラするもの、子どもにぶつけなければいい

安心してください。育児はイライラします。睡眠不足で余裕がないうえに思い通りにいかないものですから、大抵の人はイライラしています。当然、恥ずかしいことではありません。
大切なのは、そのイライラを子どもにぶつけないこと。気持ちに余裕を持てるようになれば、うまく避けれるようになりますから、一度休んでください。

はぁい
おっぱいで〜す
ガリッ
…ったぁ!?
はぁああ?
すげーニコニコしてんですけどぉ?
うくっ〜
なになに?
私の反応見て楽しんじゃってるわけ〜?
おっぱいに集中できずに遊んじゃうってことは…
あ、たいたいっ
そうだよいたいよも〜
そんなにお腹空いてなかったか
ではゲート内で少し遊んでくれ
私は君のお腹が減るまで横になるわよ
う〜〜〜〜んっ

あらいが思う虐待ライン

育児に向いているかどうかは、正直産んでみないとわからないという現実がある。ただ、「自分は育児に向いてない親だ」と自覚できる人は、今うまくできないだけだと私は思うよ。きちんと休んで、余裕を取り戻そう。寝よう。

ひとことアドバイス 今思えば、ボクサーみたいに「スッ」とか言って避ければよかった。でもそうやって楽しめない時点で疲れ切ってたんだよね。ボクサーみたいにできない日は早く寝よう。

頑張りすぎちゃう ママたちへ

育児タスクをこなすために効率の鬼と化して数ヶ月。
体はともかく、頭の中には少し余裕が生まれてくる頃です。

そうすると、いろいろ考えてモヤモヤしちゃいますよね。
育休を取得中の方は、そろそろ復帰を考え、
頭を悩ませる時期でもあります。

できるかぎり大人と会話して、

モヤモヤを発散できるように心がけると吉。

パートナーの方へ

いつもありがとう!!!

**もし、一時保育やファミサポ、
シッターサービスを利用したことが
なければ、ここらで一度
手配してみてください。**

あなたのパートナーは、生活のこと以外を自分で事細かく
調べたり、手配したりする余力がありません。
モヤモヤと考えてはいるけれど、具体的なことを
判断するための思考能力が一時的に低下しています。
一見、普通に生活できているように見えても、
ギリギリなんで頼みます!!

おまけ

子どもが10〜12ヶ月の時
あると便利なもの

- 転倒時に頭部を保護するクッションリュック
- 家具の角を保護するカバー
- クッションマット（敷物）
- キッチンの入口のベビーゲート
- テレビの前のガード
- 引き出しや開き戸のガード（鍵）
- おしゃぶり

意思疎通ができるようになってきまして
じゅ!
ん~? ジュース飲むの~?
かなりラクになったのですが
ん!
はいはい 待たれよ
あ ストロー差しとくね
プス
うぎゃああ
ああ
あああ
な、何!?
え? 何?
とろぉ…
ぐ…
うっく
うっく…
とろー!
あ!! ストロー自分で差したかったの?
ぎぃっ
ご ごめん…
わかるかっつの
うあぁぁ
もないな
自我が出てきたため育児の大変さのベクトルが変わりました

あ、やば
今日は耳鼻科に
行く日だった
ハッ
ぐぐぅ
早く準備
しないと！
はいはい！
着替えていくよ！
やぁだ
んじ…
…ん？
この服は
イヤなの？
ム…
じゃあ自分で
選んで
うい
私も着替えなきゃ
バシャ
バシャ
ササッ
よし！
準備完了！
ジャンッ
…まだ
決まってないの？
早くしてよ！
ソワソワ
う〜む…
うわ散らかってる…
まった！
ホッ
はいはい！
じゃあ着替え…
…るのは
自分でやりたいのね
ハイハイ…
ん！
が、頑張れ頑張れ
はっやっく！
頑張れ頑張れ
はっやっく！
んっしょっ
しょっ
グッ
グッ
ほんと早くして!!!
ソワソワ
ズボンは
難しいよ？
ママやるよ
時間ないし…
ぶぶんで！
ソワソワ

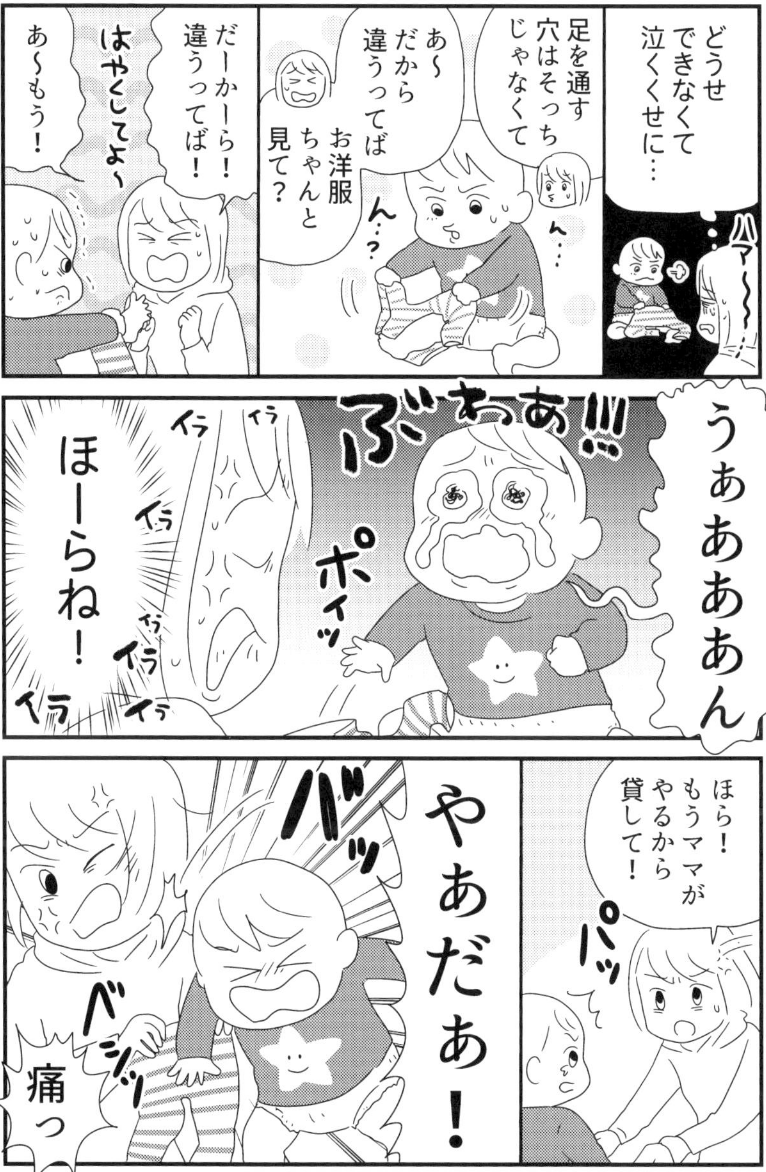
どうせ できなくて 泣くくせに…
ハァ~~…
足を通す 穴はそっち じゃなくて
ん…
あ~ だから 違うってば
お洋服 ちゃんと 見て?
ん…?
だーかーら! 違うってば!
はやくしてよ~
あ~もう!
うぁあああん
ぶわぁ!!!
ポイッ
イラ イラ イラ イラ イラ イラ イラ
ほーらね!
ほら! もうママが やるから 貸して!
パッ
やあだぁ!
バッ
ベシッ
痛っ

いい加減に……
くわっ
ハッ
…ぷるぷる…
じわ…
私、こんな風に
キレる人間じゃ
なかったのに…
うっ…
うっっ
なんで…?
うわぁぁああ〜ん
どうして
こうなっちゃったの…
うぁあああ

脱「ごめんね育児」ポイント 12

「怒る」と「叱る」を間違えない

「怒る」は感情的に言葉をぶつけることで、
「叱る」は論理的に言葉を伝えることです。

子どもが人に迷惑をかけたり危険な行為をしたりした際に、
感情的にならずに論理的に伝えることは必要で、
それが「叱る」と言われるものです。

気をつけなければいけないのは、
子どもの成長や発達を考慮し、
理解できるように伝えることです。

ポイントは、
端的に、
簡単な言葉で、
目線の高さを揃えて、
目を見て真剣に
伝えることです。

親が理不尽に怒っても、
子どもは「大好き」ってしてくれるから
「なぁんだ、これくらい平気なんだ」と
勘違いしてしまうけど、
子どもはほかに頼る場所を知らないから
必死で私たちについてきてくれるだけ。
勘違いしちゃダメ。思いあがっちゃダメ。
適当な距離感持っていこう。

脱「ごめんね育児」ポイント
13

何が虐待にあたるか知っておこう

改正児童虐待防止法※では
“親権者（親）でも体罰は禁止”
と明確にされています。　※2020年4月施行

しつけとの違いが難しいところですが、
厚生労働省の有識者会議の出した指針では、しつけのためでも、
体になんらかの苦痛や不快感を引き起こす行為は
「どんなに軽いものでも体罰」と明記されました。
そのうえで、
「注意したが言うことを聞かないので頬を叩く」
「いたずらしたので長時間正座させる」
「友達を殴ってけがをさせたので同じように殴る」
などの体罰の具体例が挙げられました。

また、冗談でも
「お前なんか生まれてこなければよかった」などと言うことは、
子どもの心を傷つけ、子どもの権利を侵害するとしました。

ほかにも、これらはすべて「心理的虐待」です。
- **言葉で脅す**
- **きょうだい間で扱いに差をつける**
- **無視する**
- **親が子どもの前で、パートナーに暴力を ふるったり、暴言を吐いたりする**

正直な話、私も怒鳴ってしまったことがあるのだけど、
手をあげていないから大丈夫だと思っていた。
でも、息子は笑わなくなったし、
私の機嫌をちらちら窺うようになってしまった。
当然だけど、怒鳴るのもダメだよ。

脱「ごめんね育児」ポイント 14

しつけは気負わず長い目で

**大きくなった時に
わが子が困らないように、
身を美しくするのが躾（しつけ）です。**

しつけやマナーは、社会に出る頃までに
完璧に身につけることすら難しいものですので、
長い目で考えて、手の届くレベルを目指すのが良いでしょう。

気を付けなければいけないのは、友達と比べないことです。

その子自身の過去と今を比べることと、
できないことではなくできるようになったことに注目してあげて、
そのことを褒めてから、「次は、○○を目指そう！」と
一緒に取り組んでいくことが望まれます。

十分に甘やかしてあげるところと、
しっかりさせてあげるところを
9：1か、8：2くらいにすると良いかもしれません。

**そもそもしつけって、
毎日の暮らしの中から身につける知識だから
「教えよう」と意気込まなくてもいい。
子どもは親以外からもいろんなことを教わる。
気負いすぎないでね。**

子どもが 1~2才 の頃って…

この頃は、聞き取れない何かをしゃべったり、
気持ちのままに動いたりしてかわいい盛りです。
服をぐちゃぐちゃにしたり、机に落ちたヨーグルトやおかずを
手でぐちゃぐちゃしたり投げたり、
時には癇癪《かんしやく》を起こしたりと、**感情のままに行動**します。

子どもの嫌がることはしないのが一番ですが、夢中になっている
時は安全を確保しつつ**あまり見ないほうが良い**かも
しれません。見ていると手を出したくなってしまいますが、子どもにとっては食事も含めあそびの一環なのです。あとで着替えたり、入浴したりすれば大丈夫であれば、少し我慢をしてみましょう。

しつけをすること、お世話をすることは、子どもをコントロールすることではないと心得よ。

大事に育てるということは、
手のひらの上で管理することではなくて、
子どもが辛くなった時にいつでも帰れる場所を
作ってあげることだと思う。

モヤモヤPOINT

ウロチョロされてイライラ…

歩き出したはいいものの、あっちへチョロチョロこっちへチョロチョロ。「気を付けて」と声をかけるものの、聞いてやくれないし、手をつないでいてもスルリと抜けられてしまいます。本当に危ない時は、叩いてでもわからせたほうがいいですよね…？

お散歩
お散歩
楽しいね～
わんわ！
ヨチ
ヨチ
ん？
わんわ？
ぐいっ
わんわ！
きゃあぁ♥
スルリ
って
うおおい!?
てってこ
てってこ
何飛び出してるの！
ぐいっ
危ないでしょうが！
ベシッ

目をみて、真剣に短い言葉で伝えよう

保育士さんに聞いてみた!!

乳幼児は新陳代謝が良く、汗をかきやすいため、手をつないでいてもスルリと抜けられてしまいます。なので、道路など危険な場所では、手首をつかむと良いでしょう。
また、「気を付けて」と言ったところで、乳幼児にはそれがどういう状態なのかわかりません。
とりあえず「止まる！」という明確な指示を出し、少しずつ理解させていきましょう。

お散歩
お散歩
楽しいね～
わんわ！
ヨチ
ヨチ
ん？
わんわ？
ぐいっ
わんわ！
うっ！
ぐっ
止まる！
ハッハッハ
行けまい
ダメ！
ギィ～…
飛び出したら
死んじゃう！

あらいが思う虐待ライン

命の危険にさらされる状況では、思わず感情があふれてしまうこともある。
でも、事故にあわずけがもしなかった場合、子どもの心に残るのは、ただ、親に叩かれたという記憶だけ。せっかく大事なことを伝えたくても、感情のままでは伝わらないから、気持ちをコントロールできる状況を作ろう。

転倒に
気をつけて
ひっぱらない

ひとことアドバイス 世の中にはベビーハーネスという赤ちゃん用命綱みたいな便利な商品があるんですわ。転倒とひっぱることに気を付けて使用してみてね。

モヤモヤPOINT

三つ子の魂百まで…しつけはいつから？

よくあることわざですが、小さい頃に身についたことが一生を左右するんですよね？
心を鬼にしてでもいろいろ教えないといけませんよね？
…でも、毎日毎日怒ってばかりになってしまい、苦しいです…。

こんにちは〜
POST
あ、こんにちは〜
ヨチ ヨチ
ほら ご挨拶し…
サッ
フフッ
あら？ 恥ずかしいのかな？
あ、挨拶くらいしなさい！
コラッ
ぐりぐり
まあまあ それより リンゴどうぞ〜
そんなに 怒らないで あげて〜
あ、あ、すみません
“ありがとうございます”すら言えないなんて！
あ〜恥ずかしい!!!
怒ってると思われたしっ
ズン ズン
お礼が言えない子はリンゴ食べちゃダメだからね！
ま〜…

保育士さんに聞いてみた!!

3才までにしつけなければ、という意味ではない

焦る必要はまったくありません。しつけとは、日々の暮らしの中から穏やかに身につける「知識」です。毎日目にするもの、耳にする音が自然と育んでくれます。
そのうえで意識したいことは、子どもの性質に合わせて「どう生きたらこの子は生きやすくなるのか」を考えることです。

あらいが思う虐待ライン

しつけに制裁・体罰を加えると、子どもに暴力をふるうことが正当化されてしまい、普段から手を上げるようになる。
いくら叩いても怯えさせるだけで子どもの身になるワケじゃないし、時間が必要なこともたくさんあるから、焦らないでゆっくりいこう。

こんにちは〜
あ、こんにちは〜
ヨチヨチ
ほらご挨拶し…
サッ
フフッ
あら？恥ずかしいのかな？
ん？今は難しいかな？
んっ
じゃあ今日はママが代わりに挨拶しとくね
キュン
照れ屋さんなもので
リンゴ食べる〜？
繊細な子は優しい人に育つわよ〜
ウフフ
そうだといいですなぁ
アハハ

ひとことアドバイス　正直、大人になってから知ったマナーとかもあると思うんで、それを3才までに身につけるのは無理だと私は思う。子どもの性質に合わせて気長にいこう！

モヤモヤPOINT

叱っても、ヘラヘラ笑ってるんですが…

いろいろできることが増えていたずらもパワーアップ！笑って済ませられるいたずらならまだしも、かなりの被害も出ているのでやはり叱るのですが、何を言ってもヘラヘラしていて余計イライラが募《つの》ります…。

それはダメ！
うんっ♪
うんっっ♪
てっ
何やってるの！
うっはー
ポチャン
ポチャン
コラーー！
あはぁ！
にぱぁ
ムカァ…
叱ってるのに
何笑ってるの!?
全然効いてない!!!
そうやって
ヘラヘラしてママの
言うことなんか
全然聞いてないん
でしょう！
ぐわっ
ビクッ
もうやだ！
知らない！
泣くくらいなら
謝ればいいのに
う…ううう…
わう
あぁあぁん

片言チックに叱るくらいがちょうどいい

保育士さんに聞いてみた!!

何かを禁止したい時、やめさせたい時にかける言葉はひとつに絞りましょう。乳幼児はまだ知っている言葉が少ないため、毎回違う言葉を投げかけられると理解できません。
叱られても平気な顔をしているからといって、親の言葉を無視しているわけではないのです。理解できないだけ。発達に伴い理解できるようになりますから、悲しまないでほしいです。

あらいが思う 虐待ライン

ヘラヘラしているというより、親の機嫌が悪いことはわかるから、「大丈夫？元気になって」と子どもなりに笑顔で励まそうとしています。
それは、転んで泣いてる子どもにあなたが笑いかけるのと同じ優しい気持ち。その笑顔すら許せない時は、相当ストレスがたまっている状態だから休もう。

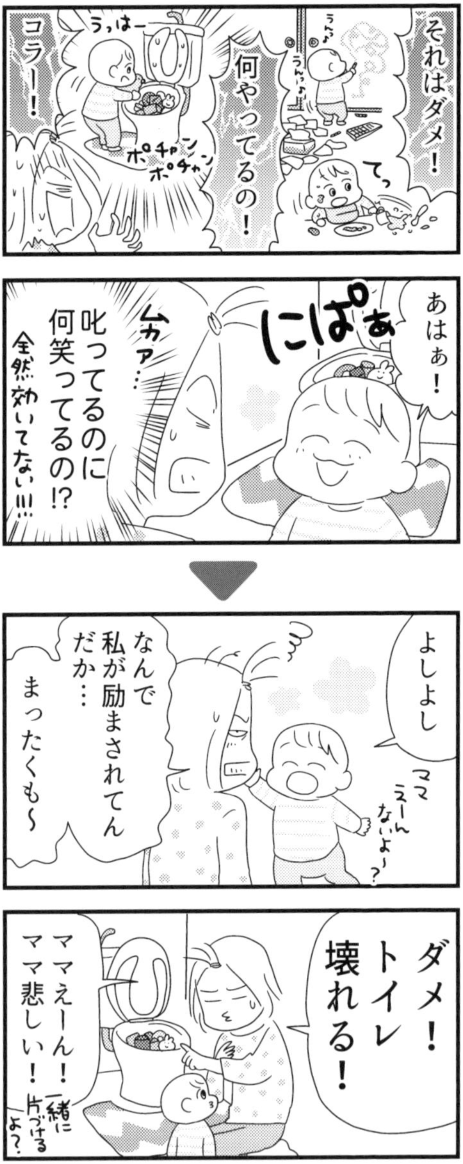

それはダメ!
うんしょ♪
うんっしょ♪
てっ
何やってるの!
うっはー
ポチャン
ポチャン
コラー!
あはぁ!
にぱぁ
ムカァ…
叱ってるのに
何笑ってるの!?
全然効いてない!!!
よしよし
ママ
えーん
ないよ~?
なんで
私が励まされてん
だか…
まったくも~
ダメ!
トイレ
壊れる!
ママえーん!
ママ悲しい!
一緒に
片づける
よ?

オレ
たのしい
オレバナナ
好き
ウホ

ひとことアドバイス イライラしすぎて、復讐するような気持ちで傷つけてやりたくて怒ってた時期、私にはあったよ。でもそれは「叱る」じゃないからさ。

モヤモヤPOINT

時には叩いてわからせないと…ですか？

多少は痛い目にあったほうが覚えることってあるじゃないですか。いくら口で伝えてもわかってくれないことは、体で教えるしかないと思うんです。でも今は体罰は法律で禁止されているし、どうしたらいいでしょうか。

今日はいい天気ですね〜
ええ
くまんまんだ
くまんまん
う〜
うっ
ベシッ
な、何叩いてるの!?
あうっ
お友達を叩いちゃいけないんだよ！
ごめんなさい!!
バシッ
ほら！叩かれると痛いでしょ！
わあぁあん
う…
うあぁぁぁ
泣いてないで謝りなさい!!!
自分だって泣くほどイヤなんでしょ！
だから絶対絶対ダメなのよ！

言葉の発達が進めば変わってくるので焦らないで

もう少し
待っててね♥

小児科医さんに聞いてみた!!

乳幼児は、発達の関係で自分の気持ちを言葉で表現できません。そのため行動が先に出てしまうことが多々あります。
言葉でコミュニケーションがとれるようになるのは、早くて4才過ぎです。それまでは子どもの気持ちを代弁し、感情を整理してあげることで、気持ちを言葉にする練習をさせる時期です。長丁場ですから、焦らずいきましょう。

今日はいい天気ですね〜
くまんまんだ
ええ
くまんまん
う〜
ベシッ
うっ
な、何叩いてるの!?
あうっ
ごめんなさい!
わあぁん
どうしたの? ん? なに? Tシャツの絵を突っつかれるのがイヤだったの?
そっか それはイヤだね
でも叩くのはダメ!
「やめて」って言えるように頑張ろうね
う゛〜〜…

あらいが思う虐待ライン

いくら何かを伝えるためであったとしても、暴力を使ってはいけない。
それは結局、何かを伝える時には暴力をふるっていいと教えることにつながるから。
「暴力では何も伝わらない」、それが一番伝えたいことだから、親が暴力を使っては意味がない。

ひとことアドバイス 私自身叩かれて育ったけど、今でもなぜ叩かれたかよくわからないし、怖かったことしか覚えてない。どんなに伝えたいことがあっても、暴力では伝わらないからやめようね。

モヤモヤPOINT

大人しくさせるために、おやつばかりあげてしまう

虫歯になったらどうしよう…と思いつつも、移動中やお出かけ先、親の体調不良時など、子どもに静かにしてもらうためにお菓子を与えています。こんな親ってダメですよね…。

うぁああああ～
ん～ん～ん～
ごめんね～
今運転中だから
ちょっと静かに
して～
うぁああああ～
泣かれると
集中できん!!!
あ～もう
お菓子食べてて～！
あー
またお菓子
食べさせちゃったよ
サク サク
虫歯も心配だし
野菜入りとはいえ
こんなに
お菓子ばっかじゃ
ダメだよなぁ
サクサク
サク
サク
サク
サク
はぁ～～…
モヤモヤ
…ごめんね…
モヤモヤ

栄養士さん
に聞いてみた!!

通常の食事に影響がなければ気にしすぎないで

うぁああああ～
ん～
ん～
ん～
ごめんね～
今運転中だから
ちょっと静かに
して～
うぁああああ～
泣かれると
集中できん!!!
あ～もう
お菓子食べてて～！
サクサク
サクサク
泣き声に
イライラして
運転が荒くなったり
事故を起こすより
これでいい！
ぬほほっ
ん－！
頑張って
車乗っててくれて
ありがとね！
おかげで無事
ついたよー
まっまん♫

何かをダラダラ食べていると、虫歯になるリスクは高まります。
ですが、ダラダラ食べが日常になっていない、通常の食事に影響がないのであれば大丈夫かと思います。
与えるおやつは、おにぎりやふかし芋などがベストですが、気温が高い日などは不安ですよね。場面に合わせたものを与えてください。ムダにイライラしないように、使えるものはなんでも使いましょう。

あらいが思う虐待ライン

通常の食事もお菓子で済ませるようになったり、虫歯ができても治療せず放置するのはNG。そうでないのであれば、大丈夫。
乳幼児の集中力は15分もないのだから、お菓子などで気分転換させてあげることはいいことだよ！

ひとことアドバイス テトラ型パックのお菓子は中に空気が入ってるから、持ち歩きに強いぞ！　ボーロが崩れない！　最高でしょ！

モヤモヤPOINT

トイレトレーニングは早く始めたほうがいい？

どうせいつかはトイレに行くようになるんだし、少しでも早く始めたほうが、子どももラクだと思うんです。だから頑張っているのですが、何度教えても失敗するので怒ってしまいます。まだ早いということなんでしょうか…？

おしゃべりもできるようになってきたしトイレでできるように頑張ろうね
しっこしたくなったら言うのよ!!
んっ！
15分後
しっこお
う〜…
え！
デデーーン
なんでもらしてから言うのよ！
本なんか読んでるから!!!
う…うー…
うぇ
おもらししたからおやつなしだからね！
ああああん
…怒っちゃいけないのはわかってるのに今日も怒っちゃった…
明日は頑張ろうね…
プスープスー
ぎゅっ

膀胱の成長には個人差があるので急がなくて良し

小児科医さんに聞いてみた!!

ある程度膀胱が発達し、尿をためられるようにならないと、トイレの失敗が増えてしまいます。失敗してもいいのですが、親としては片付けもありますから、心穏やかにはなかなかできません。
また、叱れば叱るほどうまくいかないのがトイレトレーニングです。成長を願うことと成長を急かすことは別物です。発達について医師と相談しつつ進めてくださいね。

あらいが思う 虐待ライン

発達を無視したしつけは虐待にあたる。
歩けるし、話せるし、人らしくなってきているから、「なぜできない!?」とイライラしてしまうけど、膀胱が発達しているとは限らない。
無理に進めると、怒ることが正当化される状況を作ってしまうのでやめとこ。

果報は寝て待て

おしゃべりもできるようになってきたしトイレでできるように頑張ろうね
しっこしたくなったら言うのよ!!
んっ!
15分後
しっこお
う〜…
え!
デデーン
やっぱまだちょっと早かったか〜
ちえっ
きぃやあああああぁ
おしり出して走らない!!!
テテッ
はよ成長してくれ〜
膀胱よ〜
は〜あ…
プス〜
プス〜

ひとことアドバイス 成長するとおしっこの量が増えてオムツが決壊するようになります。すると本人も諦めがついてトイレでするようになるので、時がくるのを待つのも吉ですよ。

モヤモヤPOINT

イヤイヤ期が始まったようです…

ついにきちゃいました～。子ども自身、常にイライラしているようで、気にいらないことがあるとイヤ！　しまいには名前を呼んでもイヤ！　と泣き叫ぶ始末。おまけにまだ何も自分ではできないのにやりたがるし、イライラします。

くく！
く！
え？
なに？
自分で
履きたいの？
いいけど…
んっ
んっ
んしょ
どうせうまく
履けなくて
泣きわめくくせに
あ、だからね
こっちに足を…
うんっ
うんっ
うんっ
モタ
頑張れっ
うんっ
それじゃ
逆だってば
だーかーらー
モタ
モタ
だぁあああ！
うあぁぁ
イラ
イラ
なんなのよ！
イラ
イラ
マジ時間のムダ～!!!

保育士さんに聞いてみた!!

基本は見守り・時々手助け

自我が出てきて、やってみたいことがぐんぐん増えています。しかし悲しいかな、指先の発達などが追い付かないため、靴を履いてみたいのにうまくできません。…そうです、できないことにショックを受け、悔し涙を流している状態なのです。どうか責めたり急かしたりせず、放って…あ、いえ、見守ってあげてください。

あらいが思う 虐待ライン

失敗して泣くのがわかっているからと、先回りして口出ししたり手助けすることは過干渉にあたる。子どもが自らやりたがったことについては、安全だけ確保し見守る。
結局、親にできることは、失敗して苦しくなった子どもを慰めることくらいだから、その余裕を保つために体力は温存しとこう。

すぐサイズアウトする
から安いの買お

くく！く！
え？なに？自分で履きたいの？
いいけど…
どうせうまく履けなくて泣きわめくくせに
んっ
んっんしょ
無
…
12:34
んっ
んっ
んっ
んっ
んんん
うんうん次また頑張ろね
頑張るきみが好きですよ
うう～～～
ペッ

ひとことアドバイス 教えようとすると「ママうるさい」って衝突するんだよね。まあ横から口出されたら大人でも集中できないよね。せいぜい「うん」「合ってる」くらいの声かけでOK。

モヤモヤPOINT

甘やかしたら弱い子になる？

大切に育てていますが、時折、
人生の辛さも知らずに大人になって大丈夫なんだろうか？
なんて考えてしまいます。
人生の厳しさに立ち向かえる、強い人になってほしいのです。

はーい！今日は動物園に来ました～！
きぃやぁ
てってこっ
てってこっ
あ
ああぁ
あ
そんなに走ると転ぶよ～
ズデーン
あ…
やっぱり…
い～たぁ～い
ぎぃやぁ
ああぁ
あぁ
もう2才なんだしこんなことで泣かないの！
だっこぉ～
ああぁ
あぁ
1人で立つまでだっこしない！
甘やかしたら弱い子になる！
心を鬼に!!!

保育士さんに聞いてみた!!

甘やかすことと安心感を与えることは違います

甘やかすことは「言いなりになること」なので、たしかにいい影響を与えません。ですが、安心感は必要です。この安心感とは、発達に合わせた共感や励ましです（発達を無視した励ましは、突き放すことと同じなので注意）。
とはいえ、毎回優しい声を出すのもしんどいですよね。へいへい残念だったね、と流すように受け入れれば、多少はラクかもしれません。

あらいが思う 虐待ライン

突き放せば孤独感に強くはなるけれど、人に助けを求めることも拒否するようになる。人は集団で生活する生き物だから、困った時に誰にも助けを求められないと生きづらくなる。
結局、人を信じられる人が一番強いんだよ。だから、信じる心を持てるよう、子どもを受けとめてあげてね。

ムリしすぎないのよ♥

はーい！今日は動物園に来ました〜！
きゃあ
てってこっ
ああああ
そんなに走ると転ぶぞ〜
ズデーーン
あ…
やっぱり…
い〜たあ〜い
びえええ
あらあら
へえへえ派手に転んで痛かったねえ
びっくりしたねえ〜
動物園が嬉しくってはしゃぎすぎちゃったね〜
ハハハ
アハハハ
大丈夫だよみんな逃げないからゆっくり見ようね
よしよし
たくも〜
うんえあああああ

ひとことアドバイス 私にも、孤独に耐えられることを強さだと思っていた時期がありました。でも息子にはもっと人を頼って肩の力抜いて生きてほしいので、その価値観を捨てました！

頑張りすぎちゃう
ママたちへ

今までとは違う育児疲れを感じる時期。
子どもの自我がでてきて、マジで思い通りにいかなくなる。
スケジュールはガタガタよ。
イヤイヤばっかりされて、心が折れそうになるよね。
辛いのは当然だよ、だって理不尽だもの。

イライラしちゃうのは、子どもの幸せを願うあまり、
頑張りすぎて疲れているから。

体が休もうって言ってるんだよ。

OK ！ 今日はおそうざい買って手抜きしよ♡

パートナーの方へ

育児をしていて、一番
「報われない」と感じる時期にいます。

不満がたまっています。どこにも発散できずにいます。

発散する場所を選べないほど追い詰められているから、
勢いで夫婦喧嘩になったりもします。
子どもの目の前で言い合いにならないよう注意しつつ、
夜のお散歩とか、１人でスーパー銭湯とか、
頭をリフレッシュする時間をプレゼントしてください。

おまけ

子どもが1～2才の時
あると便利なもの

- シャボン玉と砂場セット
- ボール
- 靴（ファーストシューズ）
- よだれかけ

3~5才

2才を過ぎると、親も育児に慣れ、
子どもの性格もわかってきて不安な気持ちも減るので、
ここからはおまけページです。

子どもが3～5才の頃って…

この年齢になると、言葉も覚え、記憶もしっかりしてきます。
個人差はありますが

過去の記憶をよく覚えていますので、

行動には気を付けてください。
楽しいことやうれしいことの記憶ならいいのですが、
夫婦喧嘩やけが等の嫌な記憶は
その後の子どもの心や行動にネガティブな影響を
及ぼす危険性もありますので、
子どもの目や耳に触れぬように気を付けてください。
わが子ですが、1人の人間として尊重して
接してあげると良いでしょう。

身体面では、ふっくらしていた体形も
四肢（腕や脚）が伸びてきて成長してきます。
その分、できることも多くなって、
複雑な動きもできるようになってきます。
一緒に遊びながら、多様な活動ができると良いですね。

息子は3才を過ぎてから、
いろんな意味で気をつかってくれるようになってねぇ…。
思い返してみれば、私自身もこのくらいの年齢から
家計状況や家庭環境についてわきまえていくようになったのよね。
余計な気はなるべくつかわせないよう、私はもっともっと
肩の力を抜いてピリピリしないようにしていこーって思ったよ。

「励ます」が大事になってくるよ

0～2才	3～5才
おやつをあげたり抱っこしたり、違うことに意識を向けるように気分転換させる	失敗を振り返り、再挑戦できるようフォローする。失敗して、悔しい気持ちを味わった時のサポートが大事

ちなみに息子は、赤ちゃん→幼児を経て、3～5才でカッコつけマンになりました。

嘘をつくようになるよ

「嘘をつく」ということは“相手をだますため”、
“自分の行動を肯定するため”、“事実を変えるため”等、
いろいろなことを思考できるようになった証拠です。
成長のひとつとしてあたたかく見守ってあげることが必要です。
心配になる気持ちもよくわかりますが、その子にとっては、
実際にそのように思ったことなのかもしれませんので、
あまり追い詰めないであげてほしいです。

もしも注意をするのであれば、理詰めではなく、
端的にわかりやすい言葉で何がよくないことだったのかを
教えてあげるのが良いでしょう。
ときには、“○○したことが、お母さん（お父さん）は
悲しかった”と感情に訴えて伝えることも効果的です。
大好きな親を悲しませてしまったと
反省することにつながります。

**嘘をつくのは
成長の証ですよ！**

この歳になっても、
「小食」「偏食」「夜寝ない」などであれば、
もうそれは個性ととらえてもいいですか？

ひとつの個性として
受け入れてあげることも大切ですね。
できることを試したり工夫したりしても変わらず、
それでも健康であるならば
少しの間見守るのが良いと思います。

１人で悩みすぎず、パートナーや園の先生、
医師や専門家などを頼るのも良いと思いますよ。

顔色が悪い、日中フラフラしているなど、
目に見える異変がないなら、
医師と相談しつつ、
そのまま受けとめてあげるのも
ひとつの手ですよね。

性教育は、3才くらいから
ゆるりと始めたほうがいいですよね。
うちは息子が3才になってから、
パンツで隠れる部分は
触らないようにしています。

わが子の成長や発達に合わせて、
伝えることが良いと思います。

もちろん、基本知識はあったほうが
良いと思いますので、何もしないよりは、
書籍やインターネット等の情報を得たうえで、
ご家族やお子さんにあった方針を
考えるのが良いと思います。

「プライベートゾーン」を教える時には、
「水着を着た時に隠れる場所＋口」と、
教えてあげるとわかりやすいそうです。

また、「プライベートゾーン」を
触られたり見せられたりしたらおかしいということ、
「イヤだ」と言っていいことも伝えています。

ここからのページの見方

ついついキツイことを
言っちゃった時に、
どうケアすればいいかを
記しました。

「やってしまった!!!!」と
気付いたら、
気付いた直後に

①心から謝る
②再発防止を提案する

これに尽きます。

気付いたのが１週間後、
１ヶ月後でもかまわない。
「あの時こんな風に
言っちゃってごめんね」。
本当に「ごめんね」を言わな
きゃいけないのは、ここだよ。

みなさんの健闘を祈る。

おまけ

子どもが **3～5** 才の時
あると便利なもの

- 小麦粉粘土
- タオルや毛布
  （子どもが安心するもの）
- 製作あそびができるもの
  （廃材、のり、シール、ハサミ、色鉛筆、クレヨン、絵具、紙、新聞紙、ガムテープ、セロハンテープ）
- ブロック
- 積み木
- 絵本
- リュック
- カッパや長靴、傘など雨具
- おままごとセット
- 冷えピタや絆創膏（けがの時）

モヤモヤPOINT 買って買ってと駄々をこねられた

ついつい言っちゃう…

こんなもの
いらないでしょ

もう知らないよ

フン
うわあぁ
あああん

「ほしい」という気持ちを否定したり、泣いたら要望が通ると教えてしまうと、気持ちのコントロールができなくなります。

疲れている時に人前で泣かれると辛いですよね…。けど、ここで怒ったり言いなりにならないことで、今後が多少ラクになると思って。

言ってしまったら ▼ すぐゴメンね!!

こう言いなおそう

大丈夫!!!

欲しいよね
素敵だもんね

うんうん
悲しいね

心の中でなら いくら思っても OK
あ～ 早く帰りた～い
うんうん
そっか～
そだね～
うえああん

共感して肯定するだけ。ほかに余計なことは言わなくてOKです。あとは本人が自分の気持ちを受け入れるのを待つのみです。

我慢を教える場ではなく、悔しい、悲しいなどの気持ちに折り合いをつけることを学ぶ場。気持ちを受け入れられるようサポートを。

モヤモヤPOINT

心にもない謝罪をやめてほしい

ついつい言っちゃう…

○○が悪いんでしょ

「ごめんなさい」は？

もうやらないって約束したのにまたやったの!?
ホントあんたはクチばっかね!!!
ハァハァ

謝罪の言葉や反省の態度を引き出すことに集中しないで。反発心や無気力感を育む要因にもなりかねません。

子どもは何がいけないことなのかまだ判別できません。そんな状態で追い打ちをかけると、謝罪行為への嫌悪感を抱きます。

言ってしまったら ▼ すぐゴメンね!!

こう言いなおそう

大丈夫!!!

○○は××されたらどう思う？

次はどうしたらいいかな？

もうやらないためにはどうすればいいかな？
ママも考えるよ
いろんなやり方試してみよ？

子どもと一緒に再発防止のプランニングをしましょう。謝罪とは関係修復のためのものだと教えるいい機会です。

自分のしたことを理解させると同時に、「次」があることを理解してもらおう。謝罪は「終わり」ではなく「始まり」ですから！

モヤモヤPOINT

なんで？　なんで？　質問攻撃にヘトヘト…

ついつい言っちゃう…

うるさいな
（無視）

そんなの知らないよ

知らないよ
進化の過程とか話す時間今ない!!
いいから早く帰るよ!!!
スーパーゴリラ
なんで鳥は空を飛ぶの─？
なんで？
なんで？

好奇心を否定されると、子どもは学ぶ気持ちを失ってしまいます。知りたいという思いに対してネガティブになることも。

余裕がない時に質問攻めにあうのは辛いですよね…。正しいことをちゃんと答えようと思うから余計余裕がなくなるのかも？

言ってしまったら ▼ すぐゴメンね!!

こう言いなおそう

大丈夫!!!

○○だから
じゃない？

ママ／パパも知らないや
お家帰って調べて
みようよ

雑だけどOK!!
ん〜…
楽しくて
キモチいいから
じゃない？
なんで鳥は空を飛ぶの？
気をつけていけよ〜
スーパーゴリラ
なんで？
なんで？

「親もすべてを答えられるわけではない」「知らないことは別に恥ずかしいことじゃない」と子どもは学習します。

前向きな言い方を心がければ、情報の正しさは二の次でもOK。「知ること」の楽しさを教えられれば、あとは適当でよし。

モヤモヤPOINT

つい感情的になってしまった

ついつい言っちゃう…

いつまで
泣いてるの

○○が悪いんだ
からね

あんたが
怒らせ
たんだよ
いつまでも泣かないでよね
うっ…
ヒック…
うっ…

自分の怒りは自分でコントロールするもの。怒りの矛先を子どもに向けたり、子どものせいにするのだけはNGです。

疲れている時や、時間や金銭面で余裕がない時は、誰でも感情のコントロールが難しくなるもの。言葉にする前に6秒待って。

言ってしまったら ▼ すぐ ゴメンね!!

こう言いなおそう

大丈夫!!!

頭がワーッとして
ひどいこと
言ってしまいました

次に怒っちゃった時
は○○してみます

ごめん
なさい
え〜ん

子どもにもわかりやすい言葉で謝罪するのはマスト。「許して」と許しを強要するよりは、今後どうするかを伝えましょう。

可能な限り迅速に、心を込めて「ごめんなさい」。今後の対策も忘れずに。親が自分の非を認める姿を見せる機会ととらえて。

モヤモヤPOINT

子どもが引っ込み思案で心配…

ついつい言っちゃう…

みんなはちゃんとできてるよ？

そんなんじゃ大人になってから困るよ

おゆうぎ会にて
・・・
ハラハラ
モヤモヤ
今こんな調子で将来本当に大丈夫…？

他人と比べたり、将来の不安をあおっても、性格が変わるはずありません。「子どもは活発で元気」という思い込みを捨てましょう。

「社会に出てから困るかも」と先回りして、不安を持つと空回りしやすくなります。不確定な未来より、今、ここにいる目の前の子どもに集中。

言ってしまったら ▼ すぐゴメンね!!

こう言いなおそう

大丈夫!!!

恥ずかしかったね
でも頑張ったね

○○は得意
だもんね

がんばってるとこちゃんと見てたよ～
うんうんがんばったね

引っ込み思案でも頑張っているはずだから、そこに共感。できることを褒め、自信を回復させてあげましょう。

できないことに目を向けるより、できていること、得意なことに目を向けて、今後伸ばしていけばよし。

モヤモヤPOINT

「かわいい」って言いすぎてもいいのかな

ついつい言っちゃう…

〇〇はこういうの
似合わないもんね

もう少し
目が大きかったらね
…

ママに似て
鼻が低いわね～
ん～…
ん～…
似なくていいとこ
似ちゃって…ハァ～

「早めに現実を教えてあげないと将来傷つくから」という理由があったとしても、ルックスを貶めたり嘆くのは百害あって一利なしです。

子どもに見た目に執着する人生を送ってほしくないなら、むしろ「かわいい」以外の余計なことは言わない！

言ってしまったら ▼ すぐゴメンね!!

こう言いなおそう

大丈夫!!

ママ／パパ
にとって
あなたは世界一！

大好き！

キャ～
世界一
大好き

素直に溺愛してOK。ただし、たとえ褒め言葉でも「二重“だから”かわいい」など造形そのものに言及するのは好ましくありません。

かわいいかわいいって言って育てて大丈夫！　無条件に肯定された経験があれば、現実にぶつかっても立ち直る強さが育まれるはず。大丈夫！

モヤモヤPOINT

目の前で夫婦喧嘩をしてしまった

ついつい言っちゃう…

〇〇はパパ／ママに似ないでよ？

ママ／パパは悪くないよね？

ほんっとパパって××よね〜〜
あんたは似ないでよ〜？
あー ムカつく
イラ
イラ
イラ
イラ
プンプン
オロオロ
オロオロ
このまま みんな バラバラに なっちゃうのかな…

パートナーの悪口を子どもに聞かせたり、子どもを味方につけようとするのは、家族の仲を引き裂く行為です。

「どっちが悪いか」を落としどころにすると、喧嘩とはそういうものだと誤解してしまうので、悪い見本にならないようにしたいところ。

言ってしまったら ▼ すぐゴメンね!!

こう言いなおそう

大丈夫!!!

びっくりさせてごめんね

ママとパパ今度は××してみるね

びっくりさせてゴメンね 怖かったよね
あのね、私はね 〇〇は苦手でね
そっか俺は…

積極的に喧嘩を見せるのは避けたいですが、してしまったものは仕方ない。謝罪と関係修復する姿を見せましょう。

お互いが謝罪するところ、目標を立て直すところまで見せて、それが健全な喧嘩であり仲直りだと教える場に。

モヤモヤPOINT

嘘をつかない子になってもらいたいのに…

ついつい言っちゃう…

バレないとでも
思ったの？

嘘をつくなんて
最低

おかし食べたでしょ!?
食べてない…
ワタシは無実ですよ…？
ポテチ
じゃあこれはなんなのよ!!!!
ねこが食べた…しぃ
ミーちゃんのせいにしないの!!!

責めるような声かけをすると、言い訳をしたり、さらに嘘をつくようになるので悪循環。責めても改善することはないと心得ましょう。

「ママ／パパは嘘をつく子は嫌いだよ」など、嘘そのものではなく、子ども本人を否定するような言い方も避けて。

言ってしまったら ▼ すぐゴメンね!!

こう言いなおそう

大丈夫!!!

○○したい
気持ちもわかるけど

××するためには
どうしたら
いいかな？

おかし食べたいキモチもわかるよ？ おいしいもんね
でもおかし食べちゃうとごはん食べられなくなっちゃうでしょ？
さておかしもごはんも食べるにはどうしたら良いでしょう？
ウソつくんじゃなくて別の方法考えよ？

今後嘘をつかないで済むにはどうすればいいかを自分で考えるための特訓の場。親がヘルプを出してうながしてあげたいところです。

自分の利益や気持ちを大事にしたいという自我が芽生える時期。自我をどうコントロールするか、対処法を一緒に考えましょう。

モヤモヤPOINT
片付けをしてくれない

ついつい言っちゃう…

なんでこんなこともできないの？

もう全部捨てるからね

ちゃんと片づけしなさい!!!
ガミ
ガミ
こんなに散らかして全然大事にしてないじゃん!!
ゴミ
くるま

子どもは「自分が大切にしているもの」が尊重されない環境では落ち着くことができません。子どもが大切にしているものは尊重して。

脅したり威圧感を与えて子どもをコントロールし、できないことをできるようにしたとしても、子どもに苦手意識を植え付けるだけ。

言ってしまったら ▼ すぐゴメンね!!

こう言いなおそう

大丈夫!!!

本を棚に戻そうね
ゴミはゴミ箱よ

あっら～！
今日はできたの？
いいじゃ～ん！

心の中で思うのは自由よ!!!
めんどくさ…
片づけってね～こうやるんだよ～
はよ覚えてね～
ふ～ん…？
おもちゃばこ
ぶっこみ用

子どもが自主的に片付けをするようになるのは「早い子で」６才前後。先は長いですから肩の力抜いていきましょう。

まずは箱にすべてぶっこむ習慣をつけ、４才前後から分別を始めると比較的スムーズ。大人が一緒にやるのも効果的。

モヤモヤPOINT

打たれ強い子になってほしい

ついつい言っちゃう…

> 強くなりなさい

> 叩いたママ／パパの手だって痛いんだからね

獅子は我が子を谷につき落とす…!!!
強くおなり!!
この子が将来困らないように…
!?
私も心を鬼にして…!!!
ママ〜
自分でなんとかしなさい…!!!

「社会の理不尽さに耐えられるように」「人の痛みがわかるように」と、積極的に子どもを追い込む育児はイジメです。

怒鳴られたり傷つけられることに慣れてしまうと、打たれ強い子ではなく、人の痛みに共感できない子になります。

言ってしまったら ▼ すぐゴメンね!!

こう言いなおそう

大丈夫!!!

> 今日も楽しかったね

> 大好きだよ

まあ私は獅子じゃないんで
外で大変なのに家でも辛いってないわ
家くらいは安心できる場所にしたろう
そっすね〜
あの雲ライオンみたい〜

打たれれば強くなるわけではありません。適切に人を頼り、自分を守れることが強さです。そのために必要なのは安心感です。

打たれ強い人というのは、どんな時でも心を立て直せる人。いつでも帰れる場所がある安心感が子どもを強くする。

モヤモヤPOINT

思いやりってどう育てればいい?

ついつい言っちゃう…

いじわるだね

○○してあげないからあの子悲しんでるよ

なんでできないの?
チクチク
チクチク
チク
チク

できないことを責めても無意味。「優しくするというのはどういうことか」がわからないので、大人がお手本を見せなくてはいけません。

「人の気持ちを想像させること」が思いやりを育む一般的な方法ですが、言い方次第で罪悪感を育むことになるので注意。

言ってしまったら ▼ すぐゴメンね!!

こう言いなおそう

大丈夫!!!

お手伝いありがとう
助かるよ〜

(植物が) お水もらって
元気になったね
うれしそうだよ

うれしそうだね
ママもうれし〜
うっは〜助かる〜ありがと〜

まずは植物の世話などのお世話をお願いし「助かったよ〜」などと褒めて、ものへの思いやりを育みましょう。

ものへの思いやりを持てたら、次は対人。体調を気遣ったり、相手を尊重したりする、親の日常的な行動を子どもは見ています。

モヤモヤPOINT

きょうだい喧嘩が終わらない…

ついつい言っちゃう…

上なんだから／下なんだから我慢しなさい

とりあえず仲直りしなさい

おにいちゃんなんだからガマンしなさい
泣かせないでよね!!!
こいつが悪いのに〜!!!

親は弁護士でも裁判官でもありません。どちらかを弁護したり、善悪の判断を下す立場ではないと考えましょう。

お互いが納得していないまま場を収めても、関係性が悪くなるだけ。不満が残り、親の見ていないところでいじわるするように…。

言ってしまったら ▼ すぐゴメンね!!

こう言いなおそう

大丈夫!!!

○○はこう思ったのね
××はこう思ったのね

相手の話をきちんと聞くこと

おもちゃ取られてケンカしちゃったのね、うん、イヤだねそれは でも○○はまだ赤ちゃんだからわからないのよ ママからごめんするね
うんわかるよ
…うん

親にできることは、きょうだいお互いが気持ちを伝えられるようにヘルプを出すこと。判断は本人たちにさせます。

親が感情の交通整理をサポート…できたら偉すぎますよね。とにかく疲れるから、喧嘩が終わったらみんなでさっさと寝ましょう。

モヤモヤPOINT

何回同じことを言ってもやらない

ついつい言っちゃう…

いつまで
遊んでるの

何度も同じこと
言わせないで

いい加減にしなさい!!!!
ゲーム捨てるよ!?
慣れちゃってるからムシという最悪のループ

叱る前にまずは、時間管理を子どもに丸投げしていないか確認しましょう。自然にできるようになるものではないのです。

叱れば、その場では言うことを聞くようになります。でも、そのうち慣れて、叱っても響かなくなります。

言ってしまったら ▼ すぐゴメンね!!

こう言いなおそう

大丈夫!!!

5分たったら
おしまいにして
○○するよ

今日はできたね
いいね〜

21時に寝るから
20時にはおふろなのよ
だからゲームはあと5分でおしまい
タイマーかけといたから早めにセーブしなよ〜

ルーティンスケジュールの立て方、気持ちの切り替え方を親が提案し、できたら褒める。この繰り返ししかないのです…。

一度叱っただけで覚えてくれるなら、誰だってラクなんですよ…悲しいほどに根気が必要なので、疲れたら休みましょうね…。

モヤモヤPOINT

子どもにナメられたら終わり？

ついつい言っちゃう…

そんなこと言う子はうちの子じゃありません

調子に乗るんじゃない！

あ〜こぼした!!!
絶対自分で片づけなさいよ!
やーだよ〜
親としての威厳!!!!

「ナメられたら言うことを聞かなくなる」という考え方は危ういですね。子どもは親の思い通り動かすものではありません。

反発されたら腹も立ちます。でも、反発するには理由があるはず。それを見ずに、「親に逆らったから怒る」のはNGです。

言ってしまったら ▼ すぐゴメンね!!

こう言いなおそう

大丈夫!!!

それはダメだよ

できなかったら教えてね

ありゃこぼしちゃったの？
びっくりしたね
教えてくれてあんがと〜
自分でふいといてくれるー？

ナメられて怒るのではなく、筋が通らない時にその都度ダメと言えばOK。ヘルプを要請されたら手伝いましょう。

正直、育児はナメられてなんぼ。信頼しているからこそ、そういう態度をとる。信頼している人の言葉は必ず届くので、ナメられてOK。

モヤモヤPOINT

ドリルで勉強してほしい

ついつい言っちゃう…

何回言えば
わかるの？

ちゃんと
考えてる？

だから!!!
違うってば
あーもう!!!
イラ イラ イラ イラ

脅す、急かす、間違いを責める。これらは学習を「辛く苦しいこと」と刷り込むだけの行為です。自主的に学習する習慣にはつながりません。

「楽しそうな付録がついてるからやるだろう」と、丸投げにするのも避けたいところ。子どもの興味はそんなに単純ではないのです…。

言ってしまったら ▼ すぐゴメンね!!

こう言いなおそう

大丈夫!!!

これ、難しいよね

（間違っても）大丈夫だよ
今度はママ／パパと一緒に
考えてみよ

こ、ここの□には
なにが入るん
だろう…？
う～ん
めんどくさ(笑)
ママとっても
知りたい～!!
一緒に考えてくれない…？

面倒でも親が一緒に取り組むのがベストです。クイズやなぞなぞを楽しむような感覚で寄り添えると最高ですね。

未就学児の集中力は10分持てばいいほう。様子を見ながら徐々に延ばしていくという根気がいる作業なので気負いすぎないで。

モヤモヤPOINT

待つことが我慢できない

ついつい言っちゃう…

> いいから
> 黙って並んでなさい

> なんでこれくらい
> 待てないの

つ〜か〜れ〜た〜
まだー？
うるさいっ!!!
なんでこれ位待てないの!!!

先の見えない我慢を強いられることは、大人でもしんどい。イライラしやすい時だと心得て、「疲れたね」と共感し合いましょう。

大人もしんどいから、ついつい突き放した物言いをしがち。でも、グズる子を責めてもお互いがさらに辛くなるだけ。

言ってしまったら ▼ すぐゴメンね!!

こう言いなおそう

大丈夫!!

> あと５分くらい
> かな

> 並んでいれば
> 順番はくるからね

つ〜か〜れ〜た〜
まだー？
おうおうママもつかれたわよ〜〜
あと5分くらいよ
でもちゃんと並んでてエライね〜

待ち時間の目安を伝えることで、子どもは心の準備ができます。疲れてグズッてきたら、「待ててえらい！」と褒めてあげましょう。

急いでいる時や人目が気になる場で穏やかにこの声かけができたらすごすぎる。自分も褒め褒めしてあげて！

モヤモヤPOINT

汚い言葉を外で覚えてきたら？

ついつい言っちゃう…

今度その言葉を
使ったら
おやつ抜きだよ

どこでそんな言葉
覚えてきたの！

バカ
どこでそんな言葉覚えてきたの!!
カッ

言葉の強さに動揺する気持ちはわかります。でも、脊髄反射で禁止したり、罰則を設けたり、知識を得てきたことを否定したりしないで。

新しい言葉を覚えてきたということは、子どもの世界が広がった証。学習意欲をそぐような声かけは避けましょう。

言ってしまったら ▼ すぐ ゴメンね!!

こう言いなおそう

大丈夫!!

その言葉の
意味はね…

こういう風に
言ってみたら
いいんじゃない？

バカ
バカって言われると悲しいわぃ!!!
ひどい言葉なのよ~
ブ~~

言葉の意味と、親の自分がどう思うかを伝え、あとは子どもの判断に任せましょう。言葉遊びをすることで優しい言葉も覚えていきます。

口調が乱暴な場合は、伝え方を何種類か教えてあげる。あと、下ネタ期はほっとけば落ち着くので、スルーでOK。

モヤモヤPOINT

友達にいじわるされたみたい…

ついつい言っちゃう…

〇〇が弱いから
いじめられるんだよ

やり返しなさい

へーんだ
しーらね
あいつらめ〜〜

相手を憎いと思うのも、やり返してやりたいと思うのも仕方ないかもしれませんが、それより子どものケアが最優先です。

力で対抗することに価値があるような声かけはNG。子どもが「対抗できない自分が悪い」と思い込んでしまいます。

言ってしまったら ▼ すぐゴメンね!!

こう言いなおそう

大丈夫!!!

悲しかったね
ちょっと休もうね

元気になったら
どうしたいか
考えようね

子どもを見る
子どもにもプライドがある
まずは受け止めるでOK

まずは大人が率先し安心できる環境を作り、子どもが落ち着いたら希望を聞いてヘルプを出してあげましょう。

もし子どもの心を壊すような人間関係なら、転園や転校も視野に入れて。最終手段じゃない。逃げたっていいんです。

頑張りすぎちゃう
ママたちへ

子どもの年齢＝親としての経験年数。
私たちはまだまだ初心者。

子どもって本当にかわいいから幸せにしたくて
頑張っちゃうけど、そんなのはおこがましいのさ。
今日お腹いっぱいであったかいお布団で寝られれば
それでいい。欲張らないでいこ。

「自分は育児に向いていない」と思うことが
多々あるかもしれないけど、
「向いていない」と認められたからこそ、
どうしたらいいか解決策を探したり、
できることを見つけられたんだよ。

だから、大丈夫。大丈夫だよ。

パートナーの方へ

育児方針の差が顕著になってくる時期。
どうか拒絶したり、敵対するようなことは避けてください。
なぜなら2人の考え方が違うということは、
視野が2人分に広がるということで、視野が広い親を持つ
子どもは、多くの選択肢を持てるようになるのです。
いつまでもできる限り柔軟にいきましょう！　グッドラック！

あとがき

育児の最中、貴重なお時間を割《さ》いて
最後までお読みくださり誠にありがとうございました。

私はどうやって肩の力を抜いて育児していいかわからず
ムダにイライラしながら過ごし
息子をたくさん傷つけてしまいました。
もう戻らない息子の赤ちゃん期の写真を見るたびに
後悔と自己嫌悪で苦しくなります。

私のように
子どもを傷つけ

後悔に苦しむ
親御さんを減らしたい

そう願いたくさんの方に支えられながら
この本は完成いたしました。

みなさまの肩の力を抜く手助けになれば幸いです。

2021年5月

あらいぴろよ

Special Thanks

三星保育園
K 先生

著者 あらいぴろよ

イラストレーター。6歳男児の母。実写映画化もされたコミックエッセイ『〝隠れビッチ〟やってました。』（光文社）で漫画家デビュー。著書に『ワタシはぜったい虐待しませんからね！』（主婦の友社）、『美大とかに行けたら、もっといい人生だったのかな。』（光文社）、『虐待父がようやく死んだ』（竹書房）など。ツイッターアカウント→@pchaning

監修 泉 秀生（いずみ しゅう）

東京都市大学 人間科学部 児童学科准教授。6歳女児、1歳男児を奥さんと協力して子育て中。専門分野は、健康福祉、児童家庭福祉。おもに子どもの生活習慣、生活リズム、健康福祉について研究。日々の子育てをツイッターで発信中→@shu_izumi1983

「ごめんね育児《いくじ》」をやめてみたら、肩《かた》の力《ちから》を抜《ぬ》けるようになりました

2021年5月30日 初版第1刷発行

著者 あらいぴろよ
監修 泉秀生
発行者 田邉浩司
発行所 株式会社 光文社
〒112-8011 東京都文京区音羽1-16-6
電話 編集部 03-5395-8172
書籍販売部 03-5395-8116
業務部 03-5395-8125
メール non@kobunsha.com

落丁本・乱丁本は業務部へご連絡くだされば、お取り替えいたします。

組版 堀内印刷
印刷所 堀内印刷
製本所 ナショナル製本

ISBN978-4-334-95245-7